국민과 공무원에게 필요한
민원관련 법률원칙

KB073817

저자의 공무원, 민원인으로서의 경험 후 쓴 법률지식

국민과 공무원에게 필요한

민원관련 법률원칙

이태근 지음

"당신은 무죄다"

학문용이 아닌 실무용으로 작성하여 법이론을 지양하고 실무 적용을 위해 개조식과 사례 위주로 작성하여 누구나 보면 쉽게 이해할 수 있도록 했다.

좋은땅

대한민국헌법제1조

① 대한민국은 민주공화국이다.
② 대한민국의 주권은 국민에게 있고, 모든 권력은 국민으로부터 나온다.

우리나라 헌법제1조에는 대한민국의 주인이 국민임을 명시하고 있다. 그러나 60년 이상을 이 땅에서 살아온 나는 과연 내가 이 나라의 주인인가? 주인으로서 권리행사를 하고 있나? 주인으로서 정당한 권리를 보장받고 있나?

국가는 국가의 주인인 나를 주인으로 대접하고 있나? 등등 많은 의문을 반문해 본다.

연일 뉴스에서 터져 나오는 것은 공권력의 오만방자한 뉴스들이다. 국민이 준 권력으로 자기들을 보호하는 것은 물론 이익을 취하고 국민들에게 피해를 주는 여러 사례들이다.

공권력은 다양하다. 그 다양한 공권력은 모두가 국민을 위하여 주어진 권력들이다. 국민의 피부에 와닿는 공권력은 검찰, 경찰, 행정기관으로 요약해 볼 수 있겠다.

이들에게 주어진 공권력은 국민을 위한 것으로 공권력이라는 말보다는 국민을 위하여 봉사하도록 법적으로 권한을 준 것이라 할 수 있겠다. 이 나라에서 60년 이상을 살아온 나로서는 권력이라 하면 무엇인가 무력적인 힘이라는 생각이 든다. 그러므로 국민이 국가기관에 준 것은 공권력이라기보다는 국민을 위하여 봉사하도록 권한을 준 것이다. 권한은 의무가 따른다. 의무는 지켜야 하는 것이다.

대한민국헌법제7조제1항에는 "공무원은 국민 전체에 대한 봉사자이며, 국민에 대하여 책임을 진다."라고 규정해 놓았다. 국가기관 및 공무원에게 국민이 준 것은 국민을 위하여 봉사하라고 준 권한이다. 그 권한은 지켜야 하는 의무이다. 그 권한으로 국민을 위하여 봉사하여야 한다.

그러나 우리는 그 권한이 권력으로 변질되어 거꾸로 국민의 권리와 자유를 억압하는 것을 많이 봐 왔다. 국민들은 알게 모르게 또 크건 작건 많은 피해를 봐 왔다. 뉴스에서 크게 보도되어 나오는 것은 방송에서 해설까지 붙이니까 '저것이 공권력 남용이고 국민에게 피해 주는 것이구나.'라고 느낄 수 있지만 행정기관에서 소소하게 피해당하는 것은 별로 느끼지 못한다. 그것이 당연한 것으로 안다. 똑똑한 공무원들이 법에 의해 하는 것이니 당연하리라 생각한다. 그러니 법을 모르는 국민은 그냥 머리 숙여 따를 수밖에 없는 것이다.

당할 때는 소소한 것 같아도 그 결과는 상황에 따라 아주 큰 손해를 당하는 것이 될 수 있다.

이러한 상황들이 벌어져도 공무원도 모르고 민원 피해 당사자인 국민도 모른다. 그러니까 그냥 넘어가는 것이다.

공무원의 직권남용으로 또는 공무원의 무지로 국민의 권리와 자유가 침해당하는 수가 종종 있다. 이때 국민은 몰라서 당하기도 하고 귀찮아서 당하기도 하고 공권력에 위축되어 그냥 참아서 당하기도 한다.

공무원은 자기가 한 일이 잘못된 것을 알았을 때는 대부분 공무원은 숨기려 하고 방어를 하게 된다. 그리고 공무원 개인이 아닌 조직으로 뭉쳐 방어함으로써 공무원은 피해를 보지 않는다. 그러나 국민은 개인으로서 공무원의 잘못으로 손해를 입었어도 그것을 해결하기 위하여 많은 어려움을 감내해야만 한다. 그것을 해결하기 위하여 많은 노력, 시간, 돈이 필요하다. 결국은 그것 하나 해결하자고 노력, 시간, 돈을 잃느니 포기해 버리고 만다. 이러한 것이 비일비재하다. 이러한 것에 너무 집착하고 매달리다 보면 가장 중요한 건강을 잃게 되고 재산을 날리고 생명까지 잃게 된다. 망하고 나서 이거 봐야 무엇 하겠는가?

본문에서 많은 것을 다루겠지만 이러한 일을 당하기 전에 막을 수 있는 것은 우리가 기본적인 법률 등은 알아야 한다는 것이다.

몇 가지 명언을 적어 보면,

"법은 권리 위에 잠자는 자는 보호하지 않는다." - **루돌프 폰 예링**

"법은 거미줄 같아서 작은 파리는 잡지만 말벌 같은 큰 놈은 빠져 나간다." - **조너선 스위프트**

"법은 하나다. 나에게도, 대통령에게도." - **김고금평 기자**

"법으로 억울함을 풀어야 하는데 오히려 법으로 억울함을 당하는 경우가 생긴다면 그것 또한 법치주의가 아니다." - **이낙연**

"무전유죄, 유전무죄." - **지강헌**

"아무리 성실하게 일해도 돈이 없는 사람은 죄인이다." - **모리타 데츠오**

"법은 국민의 상식이어야 하고, 의심스러울 때는 피고인에게 이익이 되도록 한다." - **영화 〈배심원들〉**

"법은 사람을 처벌하지 않기 위하여 있는 것이다." - 영화 〈배심원들〉

"법과 원칙에 충실하여야 한다." - 영화 〈배심원들〉

"법과 제도는 운영하는 인간들이 쓰레기이면 그 법과 제도는 쓰레기가 된다." - 박훈 변호사

법과 관련된 명언들을 적어 봤다.

위의 말들을 보면 법은 카멜레온 같다. 법이 정의(正義)가 되기도 하고 법이 돈 앞에서는 폭력이 되기도 하고 수시로 변한다. 법은 돈과 권력 앞에서는 종종 맥을 못 춘다.

돈과 권력이 없는 일반 국민으로서는 그래도 법에 기댈 수밖에 없다. 법에 기대려면 그것도 법을 알아야 한다. 모르고는 기댈 수 없다. 우리 일반 국민이야 돈과 권력을 가진 사람들처럼 돈과 권력으로 해결할 만큼의 큰 죄를 짓는다든지 큰 불이익을 당하는 일은 없지 않겠나 생각해 본다.

작은 구멍이 큰 구멍으로 되는 것처럼 자기의 권리와 이익 침해를 당한다든지 피해를 보는 경우가 발생할 때 어느 정도 법을 안다면 시작되는 상황에서 차단이 가능할 것이다.

나 역시 퇴직을 하고 나서 나름대로 일을 하면서 행정기관의 부당한 처분으로 몇 번 마찰을 빚고 나서 법에 대하여 더 공부하게 되었다. 그러면서 몇 가지 문제들을 일이 터지기 전(행정처분 전)에 나의 법 지식을 동원하여 따져 사전에 차단함으로써 많은 손해를 예방할 수 있었다.

그래서 민원 관련 일반적인 법 지식을 많은 사람들에게 알려 국가기관 및 공무원들의 잘못된 공무로 손해를 보는 것을 줄이도록 하기 위해 글을 적어 본다.

우리는 옛말에 "모르는 게 약이다."라는 말이 있지만 이제는 "아는 게 약이고 아는 것만큼 이익이다."가 맞는 것 같다. 그 이유는 옛날에는 방법이 없었지만 지금은 방법(치료법과 법)이 있으니까.

그리고 공무원의 여건을 보면 고의적인 소극행정을 떠나 많은 실수를 할 수밖에 없는 상황이 있다. 행정청의 경우 특히 자치단체는 실무자가 하급공무원들이다. 하급공무원들은 보통 2년을 기준으로 업무를 바꾼다. 그러다 보니 폭넓은 법률지식보다는 단위 법률에 의지하는 수밖에 없다. 그리고 해석적인 문제도 있다. 실무진이 능력상 부족하면 결재권자가 바로잡아 주어야 하는데 그렇지 못한 경우가 있다.

내가 작성하는 책은 법률이론보다 실무 적용 위주로 작성하여 누구나 보면 쉽게 이해할 수 있도록 했다.

법을 전공한 사람이 아니니 혹시 틀린 부분도 있지 않을까 걱정이 된다.

나는 현재 민간인으로서 공무원들을 바라보는 입장에서 기록하였다. 모든 공무원들이 다 소극적 행정을 하는 것은 아니지만 일부 공무원들의 소극적 행정으로 공무원과 마찰을 경험해 본 사람이라면 공무원 전체를 불신하게 되는 경향이 있다. 그래서 공무원 한 명 한 명의 적극적 행정도 중요하지만 중간 관리자 즉, 결재자의 역할이 굉장히 중요하다고 생각한다. 결재권자들이 공부하여 지식이 많고 바르게 할 때 그 조직 인원 전체가 똑똑해지고 그 조직이 국민으로부터 신뢰를 받게 될 것이다.

이 책이 부족한 점도 있겠지만 조금이라도 국민과 공무원에게 도움이 되어 국민과 공무원이 하나가 되는 계기가 되었으면 좋겠다.
특히, 본 책에 서술된 사례에 대한 검토 및 판단은 공식적인 결과로서의 발표된 확정된 내용이 아니고 나의 개인적인 법지식을 토대로 한 주관적인 검토 및 판단임을 말씀드린다.

목차

제1장

법을 알아야
하는 이유

1.
법은 누구를 위하여 있는 것인가?

답은 국민을 위하여 있는 것이다. 법은 우리 국민이 우리 국민을 위하여 만든 것이다. 국민이 만든 가장 상위법인 헌법을 보자.

헌법전문을 보면 "(전략) 우리들과 우리들의 자손의 안전과 자유와 행복을 영원히 확보할 것을 다짐하면서 (중략) 헌법을 이제 국회의 의결을 거쳐 국민투표에 의하여 개정한다."

헌법제1조제2항 "대한민국의 주권은 국민에게 있고, 모든 권력은 국민으로부터 나온다."

헌법에서 보듯이 국민인 우리가 우리의 안전, 자유, 행복을 위하여 우리의 합의에 의하여 만든 것이다. 그리고 우리는 우리의 안전, 자유, 행복을 깨트리는 일부의 사람에 대하여는 규제하도록 법을 만들었다.

그리고 규제 법률을 만들면서도 국민에게 가능한 한 침해를 줄이기 위하여 헌법, 형법 등 관련 법률에서도 각종 제도, 규칙을 만들어 놓았다.

헌법에서는 과잉금지의 원칙, 법률 불소급의 원칙, 법률 유보의 원칙 등을 만들었고 형법에서도 고의가 없는 행위는 처벌하지 못하도록 하고 있고 위법성 조각사유, 책임조각사유 등 형사·민사 소송법에서는 판결을 최대 3심 제도를 두고 또 재심까지 가능하도록 하고 있다.

또 조직과 제도로서는 국가인권위원회, 국민권익위원회 등 인권 침해 구제 조직을 두고 이의 및 청원권 등을 마련하고 있다.

그리고 우리는 대통령 이하 공무원을 선출·임용하여 일정 권한을 주고 그러한 일을 하도록 하고 있다.

그러므로 공무원은 국민이 준 권한을 국민을 위하여 공정하고 바르게 이행할 의무를 지니게 되었다. 공무원은 법의 집행을 위하여 검토 시 국민의 입장에서 객관적으로 검토하여 올바른 판단을 하여야 한다.

그러나 일부 공무원들의 민원 처리, 처벌 등의 행위를 보면 권력이나 돈이 있는 사람 없는 사람에 따라 차별을 하고, 국민을 위한 봉사가 아닌 공무원 자기 자신의 이익을 위하여 결과를 도출하고, 충분한 지식을 가지고 여러 법 규정을 조합하여 종합적으로 판단하기보다는 단편적 지식을 가지고 판단하고, 또 국민을 규제함에 있어 국민의 봉사자로서 국민의 고통을 하나라도 덜어 주기 위한 고뇌와 긴장보다는 국민 위에 군림한다는 쾌감으로, 객관적이 아닌 주관적으로 검토·판단하여 많은 국민들이 억울하게 알게 모르게 피해를 보는 경향이 많이 있다.

모든 공무원은 국민에 대하여 역지사지의 마음을 가지고 민원을 처리하여야 한다고 생각한다.

행정공무원은 시민, 도민, 국민이 내 가족이라는 마음으로,

경찰은 동료인 경찰을 수사할 때처럼 배려를

검사는 동료인 검사를 수사 및 기소할 때처럼 배려를

판사는 검찰총장이나 삼성의 부회장을 판결할 때처럼 세심하게

정치인은 수형 중인 전 대통령들의 형을 사면하여야 한다는 그 기준으로

국민에 대하여 일을 한다면 우리 평범한 많은 국민이 민원인으로서의 부당한 행정행위로 인한 불편 및 불이익 처분과 용의자, 피의자, 피고인, 범죄자라는 낙인으로부터 벗어날 수 있을 것이다.

그리고 국민 역시 억울함으로부터 스스로 보호를 위하여 법이라는 것을 익혀 필요 시 의견을 주장(主張)하여야 할 것이다.

특히 일선 자치단체의 공무원들은 가장 많이 많은 국민을 직접 대면하고 수시 자리이동을 다양한 업무를 담당하여야 하므로 전문성을 가진 경찰, 검찰, 판사 및 전문조직의 공무원보다 법률에 대한 지식이 가장 취약할 것으로 판단된다.

그러므로 처분 등의 행정행위를 할 때는 행정법의 일반원칙만이라도 꼭 익혀 처분에 적용하려는 단위 법률과 조합하여 검토·판단·조치함으로써 억울한 국민이 없도록 최선을 다하여야 할 것이다.

2.
행정기관의 행정은 모두가
국민을 보호하는 것이 아니다

　우리는 국민으로서 사회생활을 하면서 나의 권리를 보장받기 위하여 행정청에 인·허가 신청도 하고 또 때로는 행정청으로부터 처벌을 받기도 한다. 우리가 살아가면서 우연 또는 필연으로 부딪치는 것들이다. 이러한 것들이 어떤 때는 큰 손해 없이 어떤 때는 큰 손해를 끼치기도 한다. 이러한 결과가 초래되는 것은 국민의 실수 또는 잘못도 있겠지만 행정기관의 지식 부족으로 인한 오류 그리고 나의 지식 부족으로 인한 대응 잘못으로 인한 것들이라고 생각한다. 그리고 이러한 문제들을 해결하기 위하여 억울한 많은 국민이 행정심판을 청구한다. 행정심판은 행정기관의 처분에 대하여 국민이 불만을 갖고 해결을 요구하는 것이다. 그러나 아래 표와 같이 이러한 일들은 매우 많이 발생하고 있다. 공무원과 국민이 법률 지식이 충분하다면 쉽게 해결되지만 그렇지 않은 경우 행정심판 더 나아가 행정소송까지 또는 형사소송, 민사소송까지도 확대될 수 있다. 소송이 이루어지면 공무원은 조직의 힘을 업고 대응하여 큰 피해가 없지만 약자인 국민은 큰 손해가 발생할 수 있다. 국민이 나중에 법적으로 이겨도 손해는 엄청 크다.

다음의 행정심판 현황을 보면

먼저, 매년 행정기관의 잘못이나 국민의 잘못이 많은 것을 알 수 있다.

두 번째, 2016, 2017, 2018년 3년 동안의 행정심판 결과를 보면, 행정심판 77,008건 중 11,299건(15%)이 인용되었고, 85%인 65,709건이 기각 또는 각하되었다. 쉽게 말하면 15%만이 인용되어 행정기관의 처분에 불만을 가진 국민 중 15%만이 자기의 주장이 이겼다고 볼수 있다. 행정심판으로 불만이 충족된 15%의 국민도 행정심판 준비를 위하여 또 과정에서 많은 피로를 느꼈을 것이다. 스스로 공부를 하든 아니면 변호사를 사든 쉽지 않았을 것이다. 아마 스스로 법을 공부하여 놓았더라면 수월했을 수도 있다.

행정심판을 청구한 사람 중 인용되지 못한 85%의 국민은 벌을 받았거나 행정소송으로 이어졌을 것이다.

이러한 문제는 처음부터 쉽게 풀 수도 있는 것이 대부분일 것이다. 법을 제대로 알았다면…….

우리가 국민으로서 우리의 권리, 의무, 또 공무원의 권리, 의무 등을 안다면 어지간한 것은 일이 확대되기 전에 막고 챙길 수도 있을 것이다.

■ 행정심판 현황

• 행정심판 현황

구분연도	계	(일부)인용	기각	각하
'16	26,080	3,901	19,315	2,864
'17	25,775	3,584	19,105	3,086
'18	25,153	3,814	18,928	2,411
계	77,008	11,299(15%)	57,348	8,361

※ 기각 : 신청인의 불복을 받아들이지 않고 처분청의 처분이 정당하다고
　인정하여 신청의 대상이 된 처분을 유지시키는 결정.

※ 각하 : 소송 조건을 구비하지 않거나 소송상 신청이 부적법하여 배척하
　는 것.

2019.9. 국민권익위원회 자료

　행정심판 대상이 되지 않는 불만 민원도 무척 많다. 공무원의 민
원 서비스에 대한 불만, 절차 등에 관한 불만, 차별에 대한 불만 등
많을 것이다. 그러므로 관련 법률 등을 알아야 한다.

3.
국민을 위한 법은 늘 만들어지지만
모르면 못 찾아 먹는다

우리 주변에는 몰라서 못 찾아 먹는 사람들이 많다. 몰라서 자기의 권리를 지키지 못하고 보호받지 못하는 경우가 많다.

법은 권리 위에 잠자는 자는 보호하지 않는다

법에서 주어진 자신의 권리를 행사(투쟁)하지 않으면 법은 그 권리를 보호해 주지 않는다. 뜻으로 독일 법학자 루돌프 폰 예링(1818~1892)이 '권리를 위한 투쟁'이란 책을 쓰고 서문에 "법률의 목적은 평화이며, 이에 도달하는 수단은 투쟁이다."라고 적고 있다.

네이버 지식백과

지금의 사회생활은 간단하고 쉬운 것 같으면서도 아주 많은 이해관계 속에서 되게 복잡하고 빨리 돌아간다. 이 속에서 내가 살아가기 위해서는 무기가 있어야 한다. 모두가 인정하는 무기, 불법이 아닌 무기, 그 무기가 법이다. 그 무기를 소지하려면 지속적으로 법을 공부해야 한다. 루돌프 폰 예링은 법을 공부하는 것은 자기권리를 지키는 것이고 이것을 투쟁으로 표현하였다. 그만큼 법을 열심히 공부해야 한다는 뜻이다. 나는 이 책에 완벽한 무기보다 기본적인 최소한의 무기 소유를 위하여 알아야 할 법률과 최소한도의 법률원칙 정도는 알 수 있도록 적었다.

권리 위에 잠을 잠으로써 법으로부터 보호받지 못하는 예를 몇 가지 들어 보겠다.

요즘 국민의 권익을 위하여 법은 수시 제정·개정되고 있다. 그리고 많은 법률에서는 국민의 권리에 대하여 시효를 규정하고 있다. 이러한 것들은 누가 챙겨 주기 어렵다. 자기가 귀담아듣고, 찾고, 공부해야 한다.

예로, 부동산등기 특별법, 재난지원에 관한 법률, 장애자 보호 관련 법률 등이 있다.

또, 민법 형법 등에서의 시효, 즉, 채권소멸시효, 취득시효, 공소시효 등이 있고, 각 행정기관에서 그때그때 시행하는 많은 행사 및 지원사업 등이 있다.

요즘은 인터넷을 이용하여 많은 자료를 찾고 공부할 수 있다.

사례 1) 옛날 하천에 편입된 사유토지에 대하여 보상을 주었다. 아마 특별법을 3차까지 만들어 가며 준 것으로 알고 있다.

특별법을 제정하면 보상신청 기간을 설정한다. 그리고 언론 매체를 통하여 홍보를 많이 한다. 민원인은 그 기간 안에 보상신청을 하여야 한다.

그 기간이 끝나고 보상신청을 해 보지만 보상도 못 받고 토지에 대한 재산권 행사도 할 수 없다. 아마 지금도 편입된 토지에 대하여 보상을 받지 못한 사람도 있을 것이다.

이는 민원인의 땅을 공공용지로 편입시킴에 그에 대한 손실을 돈으로 보상하려 법을 만들어 시행하였지만 민원인은 자기가 보상받을 수 있는 권리를 소홀히 함으로써 기회를 놓친 것이다. 아마 하천에 편입된 토지가 있는 것도 모르고 있던지 아니면 보상금을 주는 것도 모르고 있던지 둘 중 하나일 것이다.

즉, 민원인은 자기의 권리 위에 잠자고 있었으므로 더 이상 보호받을 수 없었던 것이다.

사례 2) 농촌은 사람이 살지 않는 허름한 집이 많고 묵밭이 많다. 부모님 죽고 자식은 나중에 들어와 살겠다는 생각으로 그냥 방치해 놓는다.

말이 그렇지 고향에 들어와 산다는 것은 쉽지 않다. 땅의 가격이 오르니 덜렁 팔기도 그렇다. 보험 든 것처럼 시간이 흐를수록 땅 금은 올랐으니 말이다.

이 틈을 노리는 자는 민법제245조를 알고 그 땅을 소유할 목적으로 20년 동안 열심히 경작한다. 그리고 시효취득을 한다.

땅 주인은 수십 년 만에 와 보니 남의 소유로 되어 있는 사항을 알고 땅을 친다. 소용없는 일이다. 전 땅 주인은 부모가 경작하던 땅을 챙겨 보지 않았기에 남이 가져가는 것도 몰랐다.

사례 3) 오래전에 부동산 특별법에 의거 장기간 경작자가 주변 사람 몇 명과 이장 몇 명만의 도장을 받아 남의 소유 토지를 자기 것으로 등기 이전한 경우가 있었다. 그 후 후손이 조상의 땅을 알고 찾았지만 그 토지는 남의 소유로 되어 있다.

다음의 민법을 보자.

제245조(점유로 인한 부동산소유권의 취득 기간)
① 20년간 소유의 의사로 평온, 공연하게 부동산을 점유하는 자는 등기함으로써 그 소유권을 취득한다.
② 부동산의 소유자로 등기한 자가 10년간 소유의 의사로 평온, 공연하게 선의이며 과실 없이 그 부동산을 점유한 때에는 소유권을 취득한다.

제246조(점유로 인한 동산소유권의 취득 기간)

① 10년간 소유의 의사로 평온, 공연하게 동산을 점유한 자는 그 소유권을 취득한다.

② 전항의 점유가 선의이며 과실 없이 개시된 경우에는 5년을 경과함으로써 그 소유권을 취득한다.

※ 법률적 동산과 부동산

- 동산 : 매매로서 소유권이 인정되는 것(카메라, 가전제품 등).
- 부동산 : 행정상 등기 또는 등록하여야 소유권이 인정되는 것(토지, 주택, 자동차 등).

(선박, 자동차는 동산이지만 부동산에 준한 물건으로 판단)

사례 4) 박 씨는 수년간 일하였던 친구 회사로부터 임금을 받지 못했다.

박 씨는 장사를 해서 돈을 많이 벌었다. 몇 년 후 친구의 회사는 회복되어 중견회사가 되었다. 박 씨는 친구의 회사에 가서 전에 받지 못했던 임금을 요구하였다. 그러나 전 회사는 소멸시효가 지났다고 주지 않았다.

민법제162조(채권, 재산권의 소멸시효), 제163조(3년 단기소멸시효), 제164조(1년 단기소멸시효)로 소멸시효를 규정하고 있다.

임금은 3년 단기 소멸시효에 해당하므로 3년이 넘으면 채무자가 주지 않으면 법적으로 받을 수 없다.

제162조(채권, 재산권의 소멸시효)

① 채권은 10년간 행사하지 아니하면 소멸시효가 완성한다.

② 채권 및 소유권 이외의 재산권은 20년간 행사하지 아니하면 소멸시효가 완성한다.

제163조(3년의 단기소멸시효) 다음 각 호의 채권은 3년간 행사하지 아니하면 소멸시효가 완성한다.

1. 이자, 부양료, **급료**, 사용료 기타 1년 이내의 기간으로 정한 금전 또는 물건의 지급을 목적으로 한 채권.

2. 의사, 조산사, 간호사 및 약사의 치료, 근로 및 조제에 관한 채권.

6. 생산자 및 상인이 판매한 생산물 및 상품의 대가.

제164조(1년의 단기소멸시효) 다음 각 호의 채권은 1년간 행사하지 아니하면 소멸시효가 완성한다.

1. 여관, 음식점, 대석, 오락장의 숙박료, 음식료, 대석료, 입장료, 소비물의 대가 및 체당금의 채권.

3. 노역인, 연예인의 임금 및 그에 공급한 물건의 대금채권.

이상의 사례와 같이 모르고 있다 보면 자기의 권리를 포기하는 것으로 되어 자기의 권리가 소멸된다.

그러므로 우리는 자기의 권리 위에서 잠자지 말고 늘 법을 공부하고 자기의 재산권, 채권 등을 챙겨야 한다.

행정기관에 민원신청 또는 행정처분을 받은 사람은 관련 법규들을 공부하여 자기의 권리가 침해당하는 일이 없도록 하여야 한다. 그래야 민원신청 시 불필요한 서류도 줄일 수 있고 행정처분을 당할 때도 100원 낼 것을 10원 낼 수 있다.

주어진 권리 위에 잠자지 말고 깨어나 법으로부터 보호받자!

4.
대부분의 공무원은
해당 단위 법률만 적용 조치한다

나는 예전에 머리 좋은 사람들이 법대를 가는 것을 보고 아쉬워했다. '그 우수한 두뇌들이 과학계통을 전공하여 나라의 기술력 발전에 기여했으면 좋겠다.'라고 생각했다. 그 당시 나의 판단은 법률계통은 과학계보다 단순하다고 생각을 했다. 그러나 막상 공부해 보니 정말 법조계에도 머리 좋은 사람이 와야겠구나 생각했다. 무엇보다 기억력이 좋아야 한다. 법이란 것이 단위 법률이 무수히 많다. 그 단위 법률을 적용하는데 다른 법률은 보이지 않는다. 그러나 그 법률을 감시하는 법 또는 연관된 법률이 많다. 감시하는 법은 헌법이 될 것이고 또 법률의 일반원칙들이 될 것이다. 그러므로 단위 법률을 적용하기 위해서는 그 법률을 감시하는 법과 연관된 법률들을 함께 검토하여야 할 것이다. 그러므로 많은 것을 알아야 국민들에게 실수 없이 법 행정을 할 수 있을 것이다. 국민의 권리와 인권을 위하여 그렇게 하여야 한다. 단순하게 한 가지 주된 법률만 적용하면 집행권

자는 쉽고 간단하지만 당사자인 국민은 제대로 타당한 법 행정서비스를 받지 못하게 된다.

정말로 국민에게 100%에 근접하는 법률 서비스를 위해서는 헌법을 위시한 많은 법률, 그리고 입법 근거가 되는 법률원칙, 타 법률에서 정한 국민의 권리와 자유를 보호하는 여러 법률 등 얽히고설킨 법률, 그리고 불문법의 조리, 관습법, 또 국가 구성원인 국민의 일반적인 건전한 윤리감정인 상회상규 등의 규정을 종합적으로 검토·추출하여 법을 집행하여야 한다고 생각한다.

법 집행자의 성격과 능력에 따라 천차만별이다. 법적 지식이 우수한 공무원, 예로서 검찰의 수사에서 드러났듯이 돈 있고 권력 있는 자 또는 같은 검찰에게는 죄를 적게 적용함은 물론 기소치 않는 검찰의 행태, 그러나 권력 없고 돈 없는 국민에게는 법 적용을 깊이 검토하지 않고 쉽게 결정 적용하는 행태, 적처럼 보이는 자에게는 방어권도 주지 않고 탈탈 털어 죄를 크게 만들어 벌하려는 행태 등을 보았다. 이런 형태는 많은 법률지식을 법조인이 가장 지켜야 할 공정성을 상실하고 감정에 따라 적용하는 사례라고 볼 수 있을 것이다.

그러나 일반 행정기관에서는 공무원들이 수시로 자리를 옮기고 대부분 폭넓은 법률 지식이 부족한 상태로서 단위 법률만을 적용·판단 및 선배로부터 내려오는 행정행위 등을 답습하여 일을 해

나가는 경우가 많다.

그러므로 일반 행정기관에서의 행정처분 등 행정행위는 법적 지식이 충분하지 않다 보니 단위 법률만 적용하여 판단함으로써 국민을 보호하는 많은 법률과 원칙, 규정들을 배제함으로써 국민에게 많은 손해를 주는 상황이 연출되기도 한다.

이러한 경우 법에 대하여 아는 국민은 따질 것이고 법에 대하여 모르는 국민은 그냥 수긍할 것이다.

여기에서 따짐과 수긍의 결과는 당사자인 국민 개인에게 많은 차이의 결과가 주어진다. 그리고 따지기 위해서는 어느 정도의 법률적 지식을 요구하게 된다.

앞에서 말한 "법은 권리 위에 잠자는 자는 보호하지 않는다."라는 말은 "수시 법률 등에 대해 공부하여 기회를 놓치지 마라."라는 것이다.

여기에서 말하는 것은 "당신에 대하여 행정처분 등을 하는 공무원이 법률지식이 부족하여 당신에게 부당한 손해를 끼칠 수 있으니 당신이 더 법률적 지식을 쌓아 부당한 처분을 방어하라."는 것이다.

예를 들어 보면

사례 1) A 씨는 산지농업(임산업)을 위하여 임야를 매입하고 허가를 받고 벌목을 한 후 작업로를 개설하고 임산물 재배를 위한 산지 일시사용신고 후 임산물 재배를 하였다. 3년 후 행정청으로부터 작업로를 넓게 개설하였다 하여 형사벌과 함께 행정벌로써 산지관리법제44조(불법산지전용지의 복구 등) 제1항제4호에 의거 산림기술자가 작성한 산림복구계획서를 작성하여 제출하고 복구하도록 복구명령을 받았다.

A 씨는 너무 황당하였다. 산림기술자는 복구하려면 1억 5천만 원 정도는 든다고 한다. 돈도 돈이지만 제대로 법에 의거 신고하고 임산물을 재배하고 있는데 과거 불법행위로 인하여 모든 것을 복구하고 다시 산지일시사용변경신고를 하고 하라니 기가 막힐 일이다. 그리고 상식적으로 이해가 되지 않는다. 임산물 재배 일시사용신고 기간이 끝나 사업을 폐업한다면 복구계획서를 승인받고 복구를 하는 것이 이해가 되지만 지속적으로 사업을 할 것인데도 불구하고 복구한 후에 다시 사업을 시작하라고 하니 이해가 안 되었다.

A 씨는 법을 검토하였다.

산지관리법제20조(산지전용허가의 취소 등) 제1항은 산지관리법제15조의2제4항에 의거 산지일시사용신고를 한자가 변경신고 없이 사업 규모를 변경하는 경우에는 허가를 취소하거나 사업의 중지, 시설물의 철거, 산지로의 복구, 그 밖에 필요한 조치를 명할 수 있다고 규정하고 있다.

법에 "조치를 명하여야 한다."라고 되어 있지 않고 "명할 수 있다."

라고 규정하고 있어 이것은 처분권자의 기속행위가 아니라 재량행위로서 현실을 고려하여 파악하여 얼마든지 쉽게 풀 수 있는 것이다.

이것은 헌법제37조의 과잉금지의 원칙 즉 비례의 원칙을 가지고 풀면 해답이 나오는 것이다.

1) 우선 적합성의 원칙을 보자. 행정 목적을 달성하기 위한 수단과 방법이 적절하고 적합한가를 보면 A 씨의 사업은 이미 모두 일시사용신고를 하고 진행되고 있는 것이다. A 씨는 형사벌로써 벌금을 내게 된다. 그런데 행정벌로써 복구계획서를 승인받고 복구를 한 다음에 다시 일시사용신고 후 사업을 하라는 것은 현재 진행 중인 임산물 재배한 것 등을 모두 엎으라는 것으로 너무 지나치다. 이것은 행정 목적을 달성하려는 수단과 방법이 너무 지나치다. 즉, 참새를 잡는 데 공기총을 쏘면 될 것을 대포로 쏘는 격으로 수단과 방법이 적절하지 않으므로 위헌이다.

2) 필요성의 원칙 즉 최소 피해의 원칙을 따져 보자. 행정벌은 재량행위이므로 처벌의 여러 가지 방법 중 가장 적은 피해를 주는 벌을 선택하여야 한다. A 씨는 벌금형을 받으므로 행정벌은 기존의 일시사용신고를 변경신고하는 것으로 해도 무방한 데도 불구하고 가장 어려운 벌들을 취함으로써 이것도 위헌에 해당된다고 봐야 한다.

3) 상당성의 원칙에 위배되지 않는지 봐야 한다. 상당성의 원칙은 이루려는 공익과 침익당하는 피해를 비교하여 공익이 조금이라도 있어야 한다. 즉, 침익당하는 피해가 크면 위헌에 해당되는 것으로 취하면 안 되는 것이다. A 씨에게 벌금을 부과하고 복구 조치하여 얻을 수 있는 공익은 법질서 유지와 벌금 몇백만 원일 것이다. 반면 A 씨가 침해당하는 손해는 수억이 되는 것이다. 경제적 손실은 물론 정신적 피해 엄청날 것이다. 이것 또한 상당성의 원칙에 위반된다. 그러므로 위헌이다.

여러 가지 법률원칙 등을 적용하여 대응하였지만 이 지면에서는 비례의 원칙만 예로 들었다.

A 씨가 법리 논쟁을 하여 행정벌로써 복구계획서 승인, 복구 등 조치 명령은 취소되고 기존의 일시사용신고를 변경신고하는 것으로 마무리되었다. 벌금은 약간의 금액을 내었다.

행정청은 단위 법률에만 의존하지 말고 그 법률을 감시하고 있는 것들을 함께 검토하여야 한다.

사례 2) 산지 내 기존 농로에 비가 오거나 겨울에 얼었다 녹았다 하면 질어서 그 길 위에 잡석을 깐 경우, 이것을 형질변경으로 볼 수 있는지에 대하여는 산지관리법에 형질변경에 대한 기준의 정의도 없다.

이것을 공무원에게 질의할 경우, 산지관리법만 보고 사전적 의미로만 가지고 엄격하게 해석한다면 표면이 조금만 파이거나 흙이 쌓여도 형질변경이라 할 것이다. 산에 오르는 사람은 모두 형질변경을 한다고 보아야 할 것이다.

법률에 대해 폭넓은 지식이 있는 공무원이라면, 이 기준은 처벌의 근거가 되는 것으로 사회적으로 공감할 수 있는 수준이 되어야 하고 다른 법률과 법률원칙들을 조합하여 해석할 것이다. 그러므로 단위 법률만 가지고 해석하는 것은 위험인 것이다.

이것은 뒤에 사례와 판단에서 검토해 보기로 하겠다.

5.
행정기관의 간부공무원들은 법률에 대한 공부보다 직원들의 설명에 의존하며 판단한다

우리는 항상 행정기관과 밀접한 관계를 갖고 살고 있다. 가깝게는 읍면동사무소와 조금 멀게는 시군구청과 행정적 많은 정보 또는 도움을 받고 산다. 반면에 우리는 행정기관에 종속되어 살기도 한다. 시군구청 등 국가기관이 헌법적으로 국민을 위한 서비스기관이라지만 때로는 국민이 무서워하는 기관이기도 하다.

국가기관에서 종사하며 월급을 받고 사는 사람은 행정기관에 위축되지 않겠지만 대다수의 국민인 농민, 자영업자, 일반 사업자 등 자기가 스스로 노력해서 먹고 사는 사람들은 행정기관을 무시할 수 없다. 내가 무엇을 하여 돈을 벌어먹고 살려면 먼저 시군구청으로부터 나의 하려는 사업에 대하여 허가를 받아야 한다. 그리고 허가받은 후는 감시를 받아야 한다. 사업을 하다가 무엇이라도 적발되면 행정기관으로부터 벌을 받아야 한다.

지금 말로는 술술 적을 수 있지만 실제로 하나하나 부딪쳐 보면 쉬운 일이 아니다. 사업이나 무엇을 하려는 사람은 대부분 돈을 주고 남의 손을 빌려야 한다. 그러면 수월하다. 그러나 개인이 직접 인·허가 신청을 하든지 어떤 법적 처벌을 받을 때는 쉽지 않다. 이런 경우 처분을 받는 자는 집행권 자에게 자꾸 묻게 되고 따지게 된다.

이때 담당자가 모르면 관리자라도 잘 알아 바로 판단하여 결정해 주면 좋건만 대부분의 관리자는 공부하지 않고 직원들의 검토 보고만을 듣고 판단함으로써 직원이나 관리자가 똑같은 상황이 되어 버린다.

관리자라면 새로운 부서에 갔을 때 해당 부서의 법령을 먼저 요약하여 공부하여야 한다. 그래야 직원들이 결재를 올렸을 때 관리자는 옳고 그름을 판단하여 결재할 수 있다. 옛날 관리자는 싸인(결재)하는 기계라고 했던 적이 있다. 관리자들이 공부를 하지 않기 때문에 붙은 별명이다. 직원들이 결재판을 가져 오면 직원의 설명만 듣고 싸인한다. 모두의 관리자가 나태한 것은 아니지만 대부분의 관리자가 열심히 공부하지 않는다.

직원보다 더 공부하고 더 능력 있는 관리자가 요구되는 현실이다. 왜냐면 지금 대부분의 국민은 지식 수준이 많이 향상되어 있어 실무 공무원들의 부족한 처리 능력을 관리자가 보완해 주어 민원인들의 요구를 충족시켜 주어야 하기 때문이다.

사례) 행정기관의 B 계장은 전보 발령을 받아 다른 부서에 가게 되었다. 계장이 바뀌었다니 애타는 민원인이 인사를 하러 왔다. 와서 하는 말이 "등록을 하려 해도 법이 없다고 안 해 주는데 해결 좀 해 주세요."라는 요구였다.

담당자를 불러 물어보니 "해당 법에 시행령이 없어 해 줄 수가 없습니다."

B 계장이 법을 검토해 보니 정말 시행령이 없었다. 자세히 보니 시행령이 없는 것이 맞는 것이다.

법체계상 법은 법-시행령(대통령)-시행규칙(장관)으로 구성되어 있다. 그러므로 법에서 다루지 못하는 필요한 사항은 법에서 대통령령에서 만들도록 위임을 한다. 그러나 이 건의 것은 법에서 대통령령에 위임하지 않았다. 그러므로 시행령이 없는 것이다. 그러므로 그냥 법에 적용해 주면 되는 것을 시행령이 없어서 해 줄 수 없다고 하여 해 주지 않은 것이다.

B 계장은 직접 검토하여 바로 등록의 행정처분을 해 주었다.

여기서 문제점은 결재라인에 있는 관리자들이 한 번도 법을 보지 않았거나 법에 대한 지식이 없다는 것이다. 담당자가 지식이 짧아 그렇게 했다면 계장이 찾아보고 검토를 했어야 했고 또한 과장도 법을 한번 검토하여 조치를 하여야 했다.

오로지 담당자의 검토보고 하나로 결정을 하여 부작위의 행정행위를 함으로써 그 민원인은 큰 피해와 스트레스를 받았을 것이다.

이처럼 담당자의 무능력과 관리자들의 나태로 인하여 선의의 피해를 국민이 볼 수 있다.

6.
행정기관의 실무공무원들은 자리를 자주 옮기고 법령 해석 등 경험이 부족하다

시민은 시군구청, 읍면동사무소와 밀접하여 먹고 살려고 작은 사업이라도 하려면 시군구청, 읍면동 사무소에 드나들어야 한다. 가면 담당 직원과 이야기 나누고 나와 관련된 민원을 잘 처리해 달라고 부탁을 한다.

시군구청 및 읍면동사무소에 가면 한 자리에 거의 2년 이상 있는 사람이 없는 것 같다. 늘 순환하여 보직을 받는다. 그러다 보니 법을 깊이 있게 숙지하지 못하는 경우가 있다. 관리자 역시도 직원들의 지식에 의존하다 보니 개선이 안 되는 경우가 있다. 이때 민원인 입장에서는 화도 못 내고 답답할 때가 있다. 그 피해는 고스란히 민원인이 당하여야 하니까.

사례) 농업인 B 씨는 이미 받았던 승인 서류의 내용의 일부를 변경하기 위하여 행정기관을 찾아 변경 신청을 하였다. 그 양식에는 전문기술자 서명란도 있고 신청인 서명란도 있다. 당초에 승인을 받기 위해서는 현장 확인을 소정의 자격을 가진 기술자가 확인하고 그 기술자의 서명을 받아야 한다.

그러나 B 씨는 승인서 내용 중 기술적 검토가 필요 없는 소유자의 명의 변경을 하기 위하여 승인서의 일부 내용을 변경 신청한 것이다. 그러므로 소정의 자격을 갖춘 기술자의 검토가 필요한 것이 아니다.

담당자는 양식에 기술자 서명란이 있으니 기술자의 서명을 받아와야 한다는 것이다. B 씨는 담당자와 대화가 안되어 앞에 앉아 있는 담당 계장을 불러 판단을 맡겼다. 담당 계장은 서류 보더니 자기도 모르겠다고 한다.

B 씨는 마냥 다투고 있을 수만 없어 당초 서명했던 기술자를 찾아가 서명을 받아 제출하였다. 그리고 중앙청 담당 부서에 질의한바 B 씨의 의견이 맞다는 답을 받고 담당 직원에게 알려 주었다.

위의 예도 끝까지 밀어붙이면 공무원들이 중앙에 확인하고 처리해 주겠지만 "목마른 놈이 샘 판다."라는 속담이 있듯이 몸이 단 사람은 B 씨이기에 어쩔 수 없이 B 씨가 직원이 시키는 대로 할 수밖에 없었다.

7.
공무원은 잠재적·무의식적으로 규제하려는 사고(思考)를 가지고 있다

대부분의 사람은 남의 머리에 올라가길 좋아한다. 그래서 〈완장〉이라는 영화도 나왔던 것 같다. 완장 차기를 좋아한다. 대부분 완장은 남을 통제할 수 있도록 권한을 부여하는 것이다. 완장을 받은 사람은 어깨가 올라간다. 완장은 제대로 하면 좋은 효과를 내지만 완장의 위력을 믿고 개인의 욕심을 내기 시작하면 많은 사람들이 힘들어진다. 즉, 권한남용이 이루어지면 문제가 발생한다. 이 완장이 개인의 권한을 높여 주지만 그 사람의 인격, 또 그 가족의 능력까지도 높여 줄 수 있다. 가문의 품격까지 높여 가문의 영광일 수도 있다. 완장을 차고 너무 까불다 무너진 사람도 많지만 그래도 한 번 완장을 차고 개지랄했던 사람들은 무너지고 나서도 잘산다.

우리는 행정기관으로부터 보조금 등을 지원받을 경우 법에서 정한 권리를 더 규제하여 지원 조건으로 붙이는 것을 종종 볼 수 있다.

이러한 것은 공무원들이 법과 현실을 모르고 탁상행정을 하며 자기에게 주어진 권한을 이용하여 잠재적·무의식적 사고로 규제를 하는 것 같다. 이렇게 함으로써 일을 더 꼼꼼하게 챙기는 것 같고 또한 지원을 받는 사람들에게는 쫌으로써 지원받은 사업을 제대로 하라고 묵시적으로 압력을 넣는 것 같다.

이러한 규제가 결국은 고스란히 국민에게 오는 것이다.

사례) 임산업을 하는 박 씨는 국가에서 주는 보조금 사업을 받았다. 산림청에서 작성한 그 보조금 사업 조건에는 산지에 개설하는 작업로는 노폭 '2m 내외'로 하도록 규제를 하고 있다. 그리고 한술 더 떠서 그 하급기관인 광역 자치단체에서는 작업로 노폭을 '2m 이내'로 하도록 하고 있다.

그러나 해당 법률인 「산지관리법」 시행령 [별표3의3]제4호 나목의 작업로 규정을 보면, "너비가 3m 이내일 것. 다만, 1) 배향곡선지, 차량대피소 및 차를 돌리기 위한 장소 등 부득이한 경우 2) 토석운반로를 설치하는 경우에는 3m를 초과할 수 있다."라고 하여 상황에 따라 안전 등을 고려해 3m 이상의 작업로 설치를 가능하도록 규정하고 있다.

법에서 이렇게 규정하고 있음에도 불구하고 산림청은 법을 초월하여 법에서 위임된 권리도 없이 보조금 사업 조건으로 국민에게 주어진 권리를 제한하여 시행하고 있다. 이에 자치단체는 산림청의

"2m 내외"를 "2m 이내"로 제한하여 시행하고 있다.

　정말 국민의 상황을 몰라도 너무 모른다. 전형적인 탁상행정이다. 노폭 2m는 평지에서도 위험한 노폭에 해당한다.

　평지인 농도의 기준을 보자.

　'농어촌도로의 구조·시설기준에 관한 규칙' 제5조제3항에 "농도를 1차선으로 설계할 경우 차선폭은 3m 이상으로 한다."라고 규정하고 있다. 이렇게 평지인 농도도 3m 이상으로 하도록 하고 있다.

　하물며 경사지의 산에 울퉁불퉁한 도로면 형질의 땅에 노폭 2m 이내로 작업로를 개설하라고 하는 것은 너무 어처구니없는 것이 아닐 수 없다.

　1톤 트럭의 차폭은 174cm이다. 02굴삭기의 차폭은 190cm이다. 그리고 가장 큰 문제는 평지가 아니라 산이다. 산은 경사지고 굴곡지고 대부분 포장하지 않으므로 지반이 무르다. 그리고 작업로는 1년에 한두 번 사용하는 것이 아니다. 하루에도 몇 번씩 다니는 길이다.

　작업로의 가장 중요한 것은 **편익**과 **안전**이다. 과연 이러한 조건에서 2m로 규제하는 것은 죽으라는 것이나 마찬가지다.

　김 씨는 작업로에서 1톤 트럭이 굴러 죽을 뻔한 적이 있다. 사고 후 문제는 길이 좁고 곡선이 심해 구조·구난 차량이 접근하지 못해 아주 애를 먹었다고 한다. 작업로가 편리하지 않고 안전하지 않다면 무슨 소용이 있는가? 사람의 죽음을 재촉하는 길이다.

이상의 예에 대하여 검토해 보자.

틀림없이 「산지관리법」에서는 노폭 3m로 규정하고 필요 시 3m 이상으로 개설을 할 수 있도록 하고 있다. 이것은 법이 국민에게 준 권리다.

국가나 누구든지 국민의 권리를 제한하거나 금지할 경우에는 법률로 정하도록 하고 있다. 그러나 산림청의 "2m 내외" 자치단체의 "2m 이내"로 축소 규제함은 법에서 위임된 권리를 가지고 규정한 것이 아니다. 축소 규제를 하려면 법률에서 위임하여야 한다. 예로 "단, 산림청장이나 자치단체장이 노폭 축소가 필요하다고 판단될 경우 축소 시행할 수 있다."라는 위임사항이 있어야 한다.

산림청과 자치단체의 노폭 축소 행정행위는 '법률 유보의 원칙'을 위반하는 것이고 헌법제34조의 국가의 국민 보호 의무 및 제37조의 과잉금지의 원칙을 위반한 것이고 권한남용에 해당한다고 볼 수 있다. 따라서 이것은 위헌사항이며 사고 났을 때 형사소송 손해배상, 청구소송도 가능하다고 생각한다.

내가 이렇게 강조하여 작성하는 것은 공무원들의 개념 없는 행정이 큰 문제를 야기할 수 있으므로 시민이 스스로 공부를 하여 부당한 행정을 막아 스스로를 보호하라는 것이다. 2m로 개설 후에는 다시 확장하려면 많은 돈이 들고 또 사고가 났을 경우 돌이킬 수 없는 피해가 발생할 수 있다.

8.
공무원은 가급적 책임을 지려고 하지 않는다

공무원이 일의 양도 부담스럽지만 가장 불편한 것은 업무에 대한 감사이다. 그렇다고 늘 감사에 대비하여 일하는 것은 아니지만 최대한 일의 결과에 대한 책임을 벗어나려 한다.

책임에서 벗어나기 위하여, 첫째, 주어진 업무를 추진하면서 앞의 선임이 하던 방식대로 또 예전부터 해 오던 방식대로 하려고 한다. 새롭게 개선하여 도전하기보다는 예전부터 내려오던 관행을 따르는 것은 우선 감사에 대비할 경우 안전하다고 생각하기 때문일 것이고 머리 써 가며 하는 것보다 앞의 선임이 하던 대로 따라서 하면 일이 쉬울 것이다. 그리고 결재권자가 지적하던지, 감사 시 지적을 당하면 "앞의 사람도 이렇게 했던데요."라고 답할 것이다.

나도 담당 공무원과 입씨름할 때가 있었다. 법을 보니 행정처벌에 있어서 행정명령으로서 기속행위가 아닌 재량행위로 되어 있어 비례의 원칙을 들어 현행조치가 잘못되었음을 설명하였으나 담당자의 답변은 "우리는 옛날부터 그렇게 해 왔습니다."였다. 나중에 취소되었지만 공무원은 가급적 관행대로 하려고 한다.

행정도 지금은 독재시대와 달리 법률원칙을 위반하고 국민의 권리와 자유를 침해해서는 아니 된다.

위의 문제도 내가 알아야 따져 손해를 줄일 수 있는 것이다.

둘째, 자기가 한 일에 대하여 책임을 벗기 위하여 결재권자의 말을 따르는 것이다. 그렇게 하여야 나중에 문제가 생겨도 "계장이 그렇게 하랬어요."라든지 "과장이 그렇게 하래요."라고 책임을 면하기 쉽다. 또한 관리자가 시키는 대로 하면 결재 시 관리자와 마찰도 없고 편할 것이다.

셋째, 상부기관에서 시달된 지침이나 지시사항이 틀렸음에도 꼭 따르려고 한다. 누가 뭐라면 "지침에 그렇게 되어 있다.", "상부기관의 지시사항이다."라 하면 모든 책임은 상부기관으로 가는 것이다.

위법이 되더라도 "지시한 사항이라 위법인지 몰랐다." 하면 책임이 없다. 이런 것은 법률의 착오=금지의 착오, 신뢰의 원칙에 해당하므로 무죄가 될 수 있다.

9.
공무원들은 불법행위자 처벌 시 감정이 이입되어 공정성을 잃는 경향이 있다

인간이 가장 좋아하는 직업은 같은 인간 위에 군림하는 직업이다. 즉, 인간의 신체와 정신을 지배하는 직업, 인간의 목줄을 꽉 잡고 흔들 수 있는 직업이다.

판사, 검사, 의사는 가장 선호하는 직업이다. 그러다 보니 우수한 두뇌를 가진 사람들이 몰린다.

사람이라면 대부분 남보다 우위에 서는 것을 좋아한다. 남보다 권한과 권력을 가지는 것을 좋아한다. 즉 남을 부리고 벌을 주는 권한과 권력, 인간이라면 욕심내는 자리이다. 평정심을 가지고 있던 사람도 권력을 주면 좋아한다.

국민의 봉사자가 되라고 국민이 준 공무원의 권한. 공무원의 권한은 의무로 행사되어야 하는데 권력으로 행사되곤 한다. 여기서 권한은 공무원으로서 국민을 보호하려는 의무로 작용하여야 한다. 그러나 그 권한이 국민을 구속시키려는 권력으로 쉽게 바뀌어 작용한다.

그러면 그 권한의 작용은 엉뚱하게 흐른다.

　권력을 가지는 사람은 변한다. 공무원이 봉사자로서의 업무를 부여받아 일할 때는 평정심을 가지고 한다. 그러나 남을 조사하고 벌하는 업무 즉, 완장을 채워 주면 남이 낮게 보이고 자기 앞에 고개 숙여 주기를 바라게 된다. 그렇지 않은 사람은 건방지게 보인다. 이러한 완장을 오래 차다 보면 권력의 맛을 알게 되고 권력의 맛을 아는 사람은 더 큰 권력을 바란다. 그 권력을 놓치기 싫어한다. 계속 유지하고 싶어 한다. 그리고 남에게 손해와 고통을 주고 있는 것을 느끼지 못한다. 당연한 것으로 안다. 늘 하다 보면 이제 스스로 기술도 늘어 상대자를 주무르기 시작한다. 간이 배 밖으로 나온다.

　그러다가 어느 날 자기의 권력이 나락으로 떨어지고 권력자들로부터 자기가 했던 그대로 당하고 나서야 그제서야 인간으로 돌아온다. 자기의 잘못을 느낀다. 그래도 반성하고 잘못을 느끼는 사람은 인간이지만, 그렇지 않고 반성도 하지 않는 인간은 그것은 쓰레기다. 이런 인간들 요즘 많다. 지금도 권력에 취해 반성하지 못하고 국민들을 무시해 가며 보란 듯이 대 놓고 하는 자들을 뉴스를 통하여 보고 있다. 공권력의 권한남용은 영원히 있을 것이다.

　서두가 길어졌다. 권력을 가지는 사람들을 보아왔던 것을 표현했다. 내가 직접 경험했던 것이기에 이해가 간다.

　공무원은 직무를 맡으며 공권력으로서 크든 작든 권한을 가지게 된다. 행정공무원도 행정처분으로써 행정처벌을 할 때는 상대적으로 국민 위에 군림하게 된다. 그리고 행정공무원이라 해도 몇몇은 특별사법경찰로써 경찰행정을 경험할 수 있는 기회가 온다. 그럼 조사도 하고 조서도 꾸민다. 이때 공정과 평정심을 찾아야 하는데 인간이기에 그러하지 못하다. 이때부터 권력이란 악귀가 인간을 조종해서 그런지는 몰라도 저절로 공정은 무시되고 감정이입이 된다. 죄가 되든 안 되든 벌할 것을 하나라도 한 건이라도 더 찾아 추가하려고 한다. 한 건 더 찾으면 괜히 우쭐해지고 작은 흥분이 일어난다. 관리자에게 스스로 자랑스러워진다. 표시내고 싶기도 하고…. 평정심은 날아갔다.

거꾸로 당해보고 고통을 느껴봤던 아주 경험이 많은 노력한 사람은 어느 정도 평정심을 가질 수 있을 것이다. 하나의 증거를 찾더라도 조서를 꾸밀 때도 취조를 할 때도 용의자의 권리와 자유를 침해하는지 따져 가며 할 것이고 용의자의 혐의에 대하여 유죄 가능한 것만을 추릴 것이고 용의자가 피의자로 되었을 때 처벌 기준도 비례의 원칙에 따라 적합성, 최소 침해, 상당성을 따져 감정을 배제하고 추진할 것이다. 좀 더 유능한 사람이라면 형사상 '고의성이 없으면 무죄.'이고 '유죄가 의심스러우면 피고인에게 유리하게 판결한다.'라는 법언까지 고려하여 증거를 확보하고 조서를 꾸밀 것이다. 열 명의 도둑을 놓치더라도 한 명의 억울한 죄인을 만들지 않기 위하여 노력할 것이다.

또 다른 문제는 행정공무원이 만들어 준 조서를 판검사가 그렇게 세심하게 피고인의 권리 등 불이익을 꼼꼼히 따져 주지 않는다는 것이다. 검사, 판사 앞에서 피고인이 따지고 하면 괘씸죄에 걸려 더 나빠질 수 있기에 찍소리하지 못한다. 고분고분하면 형량 참작이라도 받을 텐데. 이것이 유전무죄 무전유죄인 것이다.

이러한 상황들이 전개될 수 있으므로 국민은 법적 지식을 쌓아서 법적 지식을 가지고 우쭐해 있는 조사관을 하나하나 이해시키며 처음에서부터 벗어나야 한다. 돈 많고 권력 있는 사람은 변호사에게 맡기면 되지만 일반 백성인 서민은 나중에 막다른 곳에서 변호사를 선임하더라도 초장에 자기방어를 하여야 한다.

공무중인 공무원은 국가다. 국가는 항상 국민을 보호하고 포용한다. 그러므로 공무중인 공무원은 개인이 아닌 국가적 관점에서 국민에 대하여 판단하여야 한다.

10.
돈도 권력도 없는 일반 국민은
법을 아는 것이 큰 무기이다

국민들에 대하여 유죄 무죄를 정해 주는 사람들은 공무원들이다. 공무원들이 옳든 그르든 한번 잘못 씌워 놓은 것을 벗으려면 민원인이 100%로 옳다 해도 민원인은 행정심판 또는 행정소송 등을 통해서 공무원의 처분이 잘못되었음을 이야기하고 호소해야 한다. 그러기 위해서는 많은 시간과 돈을 써야 한다. 그러는 동안 아주 많은 스트레스를 감당하여야 한다. 기관이라는 조직이 나서서 대응한다. 그것도 법률전문가인 고문변호사를 통해서 일을 추진한다. 헌법에는 국가의 주인은 국민이고 공무원은 국민의 봉사자라고 하지만 이럴 때는 국가기관 공무원은 국민의 원수가 되는 것이다. 반면 용의자가 승소하더라도 실책이 있는 대부분의 공무원은 피해가 없다.

국민이 행정처분에 대하여 옳고 그름을 따지려면 먼저 이의신청을 하고 안 되면 행정심판위원회에 제기하여야 한다. 행정심판위원회를 이용해 본 나로서는 크게 신뢰하고 싶지 않다. 행정심판위원회는 적극적으로 검토하여 판단하기보다는 큰 틀에서 보이는 것을 보고 판단하고 있다고 생각한다. 그리고 국민 개인에 대하여 보다는 기관을 우선 생각해 주는 것 같다. 속담에 "가재는 게 편이다."라는 말이 있듯이······.

"무전유죄 유전무죄." 수없이 들어 온 말이다. 역사적으로 봐도 또 가장 공명정대하여야 할 가장 막강한 권력을 가지고 있는 검찰의 수사 결과와 판사의 판례를 봐도 무전유죄 유전무죄는 보인다. 앞에서 말했듯이 국민에 대하여 유죄, 무죄를 결정해 주는 것은 공권력을 가진 공무원들이다. 국민의 봉사자인 공무원들이 전체는 아니더라도 대부분의 공무원들은 권력과 돈 앞에 힘이 약해진다. 특히 검사, 판사들은 양심에 반하는 결정을 강요받으면 나와서 변호사를 해도 잘 살 텐데 돈과 권력이 시키는 대로 꼭두각시가 되어 국민의 생명을 빼앗고 무죄를 유죄로 만들어 감방에 집어넣고 돈과 권력 있는 자는 풀어 주고 하는 것을 보면 나의 양심으로는 이해가 안 된다.

돈과 권력이 없는 일반 국민이 이러한 상황 속에서 민원 또는 처벌 등이 잘못됨을 알고 큰 공무원 조직과 싸워 이겨 봐야 무슨 이득이 있을까? 이긴다고 해도 만신창이가 되어 있는 걸······.
싸우느라 스트레스 이기고 나선 변호사 선임료, 이리 뜯기도 저리 뜯기고 거의 남는 것도 없다.

 이러한 현실을 보면 돈과 권력이 없는 것이 죄이다. 돈과 권력이 있는 자는 잘도 빠져나간다. 가진 자들에게는 돈과 권력은 이들이 세상을 살아가는 무기이다. 돈과 권력이 없는 일반인들이 보기엔 답답할 뿐이다.

 돈과 권력이 없는 국민 대부분의 무기는 무엇일까? 법이다. 법이 있어도 권력 앞에 당하지만 그래도 법을 알고 일이 커지기 전에 방어하는 것이 최선이다. 그냥 당하는 것보다 싸워보고 당하는 것이 더 좋지 않을까?

 일반 국민에게는 최대의 보루가 법임을 인식하여야 한다. 법도 내가 어느 정도 알아야 이용할 수 있다. 변호사라고 해서 그 많은 법을 다 아는 것이 아니다. 변호사를 이용해도 모든 것이 다 해결되는 것이 아니다. 현 세상을 보면 변호사도 권력에 있었던 변호사가 잘나간다. 그러므로 법도 권력에 좌지우지됨을 알 수 있다. 그래도 법을 알아야 나를 보호할 수 있는 방법을 알 수 있지 않을까? 그러므로 행정처분이 결정되기 전에 민원인이 법을 알고 대응하여 바로 잡아야 한다. 행정처분이 이루어졌더라도 그것을 취소 또는 무효가 되도록 대항하여야 한다.

 신문을 받더라도 자기에게 유리하도록 답을 할 수 있을 것이다. 그래서 나는 어려운 것 아닌 일반적인 법 지식을 전달하려는 것이다.

재미로 보아도 하나하나 알면 재미있을 것이다.

앞의 사례에서 보듯 행정명령에 대하여 싸워 이겨 수천만 원의 피해를 막았듯이 독자들도 이 책만 봐서 잘만 이해하면 어지간한 행정처분은 대응할 수 있다고 생각한다.

제 2 장

국민이 알아야 할 공무원의 의무사항 및 민원 관련 법률

1.
국민과 공무원의 관계

국민과 공무원의 관계를 말하려는 이유는 국민은 행정기관에 출입하는 것이 부담스럽다. 일제시대부터 군사독재정권시대까지 행정기관은 오랫동안 갑으로 머물러 있었다. 1995년 민선 자치단체장으로 바뀐 지 오래되었어도 나이든 우리네는 행정기관에 들기가 편하지 않다.

그래서 국민과 공무원의 관계를 분명히 알고 국민의 떳떳한 처신과 공무원의 친절한 서비스를 기대하며 적어 본다.

먼저, **헌법을 보자.**

헌법

제1조
① 대한민국은 민주공화국이다.
② 대한민국의 주권은 국민에게 있고, 모든 권력은 국민으로부터 나온다.

제7조
① 공무원은 국민 전체에 대한 봉사자이며, 국민에 대하여 책임을 진다.

우리나라 대한민국은 민주공화국으로서 국민이 국가의 주인으로서 대통령을 뽑아 국가 운영을 맡긴다. 그리고 대통령에게는 국민이 세금을 내어 그것으로 봉급을 주고 있다. 대통령은 행정부 수반으로써 행정부를 장악하여 오로지 국민의 행복을 위하여 5년 동안 노력한다.

이에 대한민국의 전체 공무원은 오로지 국민을 위하여 봉사하기 위하여 선출 또는 채용된 사람들이다. 따라서 국민에 대하여 봉사는 물론 잘못한 일에 대하여 책임을 저야 한다.

이처럼 헌법으로 국민과 공무원의 관계 그리고 공무원의 책임까지 규정해 놓았다. 그러므로 공무원은 공직에 있는 이상 국민으로부터 봉급을 받고 오로지 국민을 위하여 봉사하여야 한다.

굳이 '갑'과 '을'을 따진다면 국민이 '갑'이요 공무원이 '을'이 되겠다.

그러므로 전체 공무원은 자기의 주관적인 판단으로만 행정을 하지 말고 대통령이 국민을 향한 마음과 같은 자세로 법규에 따라 공정하게 일반 민원 및 행정처분 등 행정행위를 하여 국민에게 이익이 되고 피해가 최소화되도록 노력하여야 한다. 가장 공정하여야 할 검찰총장이 검사들에게 국민의 검찰이 되라고 했다지만 또 바른 검찰을 만들겠다고 했다지만 우리네 마음에 와닿지 않는 것은 무엇 때문일까? 실제로 행동은 그렇게 하지 않기 때문이다. 국민 위에 군림하기 때문에 말대로 실천이 안 될 것이다.

공무원을 오래하다 보면 타성이 생겨 헌법제7조 규정의 봉사자로서의 자세를 망각하고 국민의 위에 군림하려는 경우가 있다. 종종 공무원의 권한남용, 민원의 거부 또는 소극적 행정처리, 죄 없는 사람을 엮어서 죄인으로 만드는 것 등을 볼 수 있다.

일반 행정조직에서는 과장이 중추적인 역할을 한다고 생각한다. 그래서 자치단체의 행정을 과장행정이라고도 한다. 그 조직의 성패는 과장의 판단에 달려 있다고 생각해도 과언이 아니다. 행정업무의 판단이라든지 조직운영의 판단 그리고 직원들의 관리는 직원들과 함께하는 과장의 노력에 따라 좋은 결과가 나올 것이다. 공무원이 국민에 대한 봉사자로서의 자세는 꼭 행동으로서의 예절만 강조하는 것이 아니라 국민이 필요한 제도, 법률 등을 잘 적용하고 실천하는 것도 중요한 봉사 중의 하나일 것이다.

2.
공무원이 실천하여야 하는 것들

공무원은 국민으로부터 봉급을 받는 국민의 봉사자로서 의무적으로 실천하여야 할 일들이 많다. 법률에 의한 의무라든지 국가나 행정기관이 국민에게 약속한 서비스 헌장 등은 공무원들이 알든 모르든 의무적으로 지켜야 하는 것들이다.

공무원들이 의무적으로 실천하여야 하는 것들을 찾아보면, 헌법에서 정한 국가의 국민에 대한 의무가 있다. 그리고 공무원법에서 정한 공무원의 의무가 있다. 그 외 공무원의 행동강령, 행정기관의 행정서비스 헌장, 또 분야별 공무원들이 약속한 헌장들이 있다. 이러한 것들은 꼭 지켜야 하는 사항들이다. 반대로 이러한 것들은 국민들이 받아야 하는 사항들이므로 국민들도 알고 필요 시 요구하여야 한다. 공무원들이 모두 암기하고 있는 것이 아니므로 국민이 알려 주고 실천하도록 함으로써 국민의 권리를 찾아 받아야 한다. "법은 권리 위에서 잠자는 자는 보호하지 않는다."라고 앞에 서술하였다. 국민도 정당한 자기의 권리를 보장받기 위하여 노력하여야 한다.

그럼 먼저 **헌법에서 공무원이 실천하여야 할 의무사항. 즉, 국민에게 보장되어야 할 권리**를 나열해 보겠다.

제7조 ① 공무원은 국민 전체에 대한 봉사자이며, 국민에 대하여 책임을 진다.

제9조 국가는 전통문화의 계승·발전과 민족문화의 창달에 노력하여야 한다.

제10조 모든 국민은 인간으로서의 존엄과 가치를 가지며, 행복을 추구할 권리를 가진다. 국가는 개인이 가지는 불가침의 기본적 인권을 확인하고 이를 보장할 의무를 진다.

제11조 ① 모든 국민은 법 앞에 평등하다. 누구든지 성별·종교 또는 사회적 신분에 의하여 정치적·경제적·사회적·문화적 생활의 모든 영역에 있어서 차별을 받지 아니한다.

이하 **제12조~제39조**까지는 국민의 권리, 자유, 국가의 의무 등이 나열되어 있으므로 자신의 권리와 자유가 부당하게 침해되는 일이 없도록 꼭 읽어 보기 바란다.

제6장 말미에 헌법의 제10조~제39조까지를 실어 놓았다.

다음은 **'공무원의 의무 규정'**을 보자.

6대 의무 중 국민과 관련한 4가지를 보면,

○ **성실의무** : 모든 공무원은 법령을 준수하며 **직무를 성실히 수행**하여야 한다.
(국가공무원법제56조·지방공무원법제48조)

○ **친절공정의무** : 공무원은 국민, 주민 전체의 봉사자로서 **친절하고 공정하게 집무**하여야 한다.
(국가공무원법제59조·지방공무원법제51조)

○ **비밀엄수의무** : 공무원은 재직 중은 물론 퇴직 후에도 직무상 알게 된 **비밀을 엄수하여야 한다.**
(국가공무원법제60조·지방공무원법제52조)

○ **청렴의무** : 공무원은 직무와 관련하여 직접 또는 간접을 불문하고 **사례·증여 또는 향응을 수수할 수 없으며,** 직무상의 관계 여하를 불문하고 그 소속 상관에게 증여하거나 소속 공무원으로부터 증여를 받아서는 아니 된다.
(국가공무원법제61조·지방공무원법제53조)

공무원이 이상과 같은 의무에 위반한 때에는 징형 사유에 해당되어 징형 처분을 받게 된다(국가공무원법제78조 1항·지방공무원법제69조1항, 2항).

다음은 **형법**에서 공무원이 가장 많이 저지르는 죄를 보자.

제122조(직무유기) 공무원이 정당한 이유 없이 그 직무수행을 거부하거나 그 직무를 유기한 때에는 1년 이하의 징역이나 금고 또는 3년 이하의 자격정지에 처한다.

제123조(직권남용) 공무원이 직권을 남용하여 사람으로 하여금 **의무없는 일을 하게 하거나** 사람의 **권리행사를 방해**한 때에는 5년 이하의 징역, 10년 이하의 자격정지 또는 1천만 원 이하의 벌금에 처한다.

제225조(공문서등의 위조·변조) 행사할 목적으로 공무원 또는 공무소의 문서 또는 도화를 위조 또는 변조한 자는 10년 이하의 징역에 처한다.

제227조(허위공문서작성 등) 공무원이 행사할 목적으로 그 직무에 관하여 문서 또는 도화를 허위로 작성하거나 변개한 때에는 7년 이하의 징역 또는 2천만 원 이하의 벌금에 처한다.

제126조(피의사실공표) 검찰, 경찰 기타 범죄수사에 관한 직무를 행하는 자 또는 이를 감독하거나 보조하는 자가 그 직무를 행함에 당하여 지득한 피의사실을 공판청구전에 공표한 때에는 3년 이하의 징역 또는 5년 이하의 자격정지에 처한다.

이런 의무사항 및 벌칙들을 보면 공무원들은 어렵겠지만 국민들은 마음이 편해진다.

다음은 국민과의 약속인 어떤 자치단체의 **'행정서비스 헌장'**을 보자.
이것은 행정안전부 준칙에 의해 만들어졌을 것으로 판단된다. 따라서 전국 공무·행정기관의 행정서비스 헌장은 대동소이할 것이다.
이것은 공무원의 국민에 대한 약속으로 공무원이 지켜야 하는 의무사항으로 민원인이 민원처리 해당 행정기관의 **행정서비스 헌장**을 읽어 보기 바란다.

우리 ○○시 공무원은 시민에게 최상의 행정서비스를 제공하기 위하여 최선의 노력을 다하겠으며, 시민들로부터 신뢰받는 공직자가 되기 위하여 다음과 같이 실천하겠습니다.

1. 우리는 시민을 언제나 밝은 미소와 친절로 맞이하고, 모든 행정을 시민의 입장에서 신속·정확·공정하게 처리하겠습니다.
1. 우리는 청렴도 최고의 공무원으로 다시 태어나기 위해 어떤 경우에도 금품·향응 등을 요구하거나 수수하지 않겠습니다.
1. 우리는 행정처리 과정에서 불편을 주었거나 행정서비스 헌장을 이행하지 않았을 경우, 이를 즉시 시정하고 정중한 사과와 함께 소정의 보상을 하겠습니다.
1. 우리는 시민의 의견을 소중히 받아들여 적극 반영하고, 서비스 향상을 위해 항상 노력하겠습니다.

이와 같은 우리의 목표를 달성하기 위하여 구체적인 서비스 이행기준을 설정하고, 이를 성실히 이행할 것을 약속드립니다.

공통서비스 이행기준

시민을 내 가족처럼 모시는 서비스 제공

1. 직접 방문하시는 경우

o 청사 현관(로비)에는 청사 사무실 안내표시판을 설치하여 필요로 하는 사무실 위치를 정확히 찾을 수 있도록 하겠습니다.

o 모든 사무실 입구에는 부서 명패와 사진이 부착된 직원배치도를 게시하고, 사무실 내에는 담당 명패를 걸고 직원은 항상 공무원증을 패용하여 필요한 직원을 쉽게 찾을 수 있도록 하겠습니다.

o 업무처리 중에 시민이 방문하시면 잠시 하던 일을 멈추고 "어서 오십시오, 자리에 앉으십시오, 무엇을 도와드릴까요?"라고 인사한 후 시민의 의견을 듣겠습니다.

o 찾으시는 담당자가 없을 경우에는 업무처리 대행자가 처리하여 드리고 처리가 어려울 때는 용건을 정리하여 담당자에게 전달한 후 1시간 이내 또는 고객이 원하는 시간에 전화를 드리겠습니다.

o 장애인이나 노약자가 방문하실 경우에는 다른 민원인에게 양해를 얻은 후 우선적으로 처리하여 드리겠습니다.

o 장애인 전용 주차장을 확보해 일반 차량이 주차하지 못하도록 항시 관리하겠습니다.

o 업무가 끝났을 경우에는 항시 "안녕히 가십시오."라고 인사하겠습니다.

2. 전화로 서비스를 요청하시는 경우

o 전화는 벨소리가 3회 이상 울리기 전에 신속히 받겠으며 항상 친절하고

정확하게 응대하겠습니다.

○ 통화 중 민원인의 의견을 명확히 이해하기 위하여 1회 이상 고객이 말씀하시는 중요 부분을 반복하여 확인하겠습니다.

○ 전화를 다른 담당자에게 연결할 경우에는 먼저 담당자의 성명과 전화번호를 알려드리고 연결해 드리겠으며 통화 중일 경우 30초 이상 지연될 때에는 고객의 전화번호를 메모한 뒤 통화가 끝나는 대로 연락을 드리도록 하겠습니다.

○ 고객이 찾으시는 담당자가 부재중인 경우에는 전화를 건 고객의 이름, 용건, 전화받은 날짜와 시간, 회신의 필요성 여부, 전화번호 등을 메모한 뒤 받은 사람의 이름을 기재하여 담당자에게 전달하여 반드시 전화 드리도록 하겠습니다.

3. 우편, FAX, 인터넷으로 요청하시는 경우

○ 우편과 FAX, 인터넷으로 민원을 신청하신 경우 접수 후 담당자에게 전달하여 가능한 빠른 시일 내에 처리하도록 하겠습니다.

업무를 처리하는 자세

○ 민원서류는 처리기한을 기다리지 않고 최대한 빨리 검토하여 처리하겠습니다.

○ 민원서류는 1회 방문으로 모든 절차를 마칠 수 있도록 관련 부서가 서로 협의하여 처리하도록 노력하겠습니다.

○ 법령에 정하지 않은 서류는 일체 요구하지 않겠으며 자체 확인이 가능한 민원서류는 내부에서 확인하고 보완하여 첨부 서류를 대폭 감축하겠습니다.

○ 부서별로 구체적인 「행정서비스 이행기준」을 설정하고 실천하겠습니다.

알 권리 충족 및 비밀보장

o 고객에 대한 불친절 사항, 금품수수, 비리 등의 정보를 제공하신 분의 비밀을 절대 보장하여 그로 인한 피해는 없을 것이며, 비리 공무원에 대한 개인정보 이외의 부분에 대해서는 부분적으로 공개를 하여 처리하겠습니다.

o 행정정보 공개제도를 연중 충실히 운영하여 시민의 알 권리를 보장하고 행정의 투명성을 확보하겠습니다.

o 민원행정 실명제를 성실히 이행하여 모든 민원서류에 처리부서, 담당자 및 상급자 성명, 전화번호, 연락처를 명기하겠습니다.

o 시 홈페이지를 항시 업그레이드하여 시정에 대한 정보를 적극 제공하겠습니다.

고객 참여 및 의견 제시는 이렇게 하시면 됩니다

o 인터넷 의견수렴

서비스별	창구명	사이트명	위치
시소개	열린시장실		시민의 소리
시민참여	민원신고센터		공직자부조리 신고센터
시민참여	자유게시판		자유게시판
시민참여	시민제안		시민제안 참여하기
시민참여	친절공무원 추천		칭찬합시다

○청렴 관련 익명신고

  - 신고대상

    • 공금 유용 및 횡령행위

    • 알선 청탁 및 압력행사

    • 직무 관련 금품, 향응 수수행위

    • 기타 비윤리적 행위

  - 주소 : 시청 감사관

  - 인터넷 : 공직비리신고센터(http://www.mogaha.go.kr/frt/sub/a03/
  corruptionDeclareInfo/screen.do)

  - 문의 및 신고

    • 전화 : ○○○-○○○○(익명보장)

    • 팩스 : ○○○-○○○○

잘못된 서비스에 대한 시정 및 보상조치

○민원인께서 담당 직원의 잘못으로 두 번 이상 방문하실 경우 사실 확인
을 거쳐 1일 이내에 처리토록 하고 관련 공무원이 정중히 사과드리고
5,000원 상당의 보상(상품권 등)을 하겠습니다.

○직접 방문하셨거나 전화를 하셨을 때 공무원이 불친절했을 경우 연락을
주시면 해당 공무원을 주의·교육시키겠습니다.

○본 행정서비스 이행기준에 어긋나거나 개선할 사항이 있을 경우 언제든지
연락해 주시면 충분한 검토를 거쳐 즉시 시정하고 반영해 나가겠습니다.

시민 여러분께서 협조해 주실 사항

○시민 여러분께서는 친절하고 공정한 행정서비스를 받을 당연한 권리가

있으므로 언제든지 적극적으로 권리를 행사하여 주시고 잘못된 점은 지적하여 주시기 바랍니다.

o 시민 여러분께서는 민원신청에 있어 예의와 업무 처리 절차를 존중하시어 보다 나은 행정 추진에 협조하여 주시기 바랍니다.

o 익명이나 가명으로 민원을 신청하시면 관계규정에 의거 민원서류로 접수 또는 처리되지 않으므로 반드시 신청인의 정확한 주소·성명을 기재하여 주시기 바랍니다.

o 고객께서 보실 때 진정으로 모범적이고 믿음직스럽다고 여겨지는 공무원은 적극적으로 추천하여 주시고 격려하여 주시기 바랍니다. 인터넷 의견수렴

이상과 같이 '행정기관의 행정서비스 헌장'을 소개했다.

다음은 국민과의 약속인 대한민국의 **공무원 헌장**을 보자.

우리는 자랑스러운 대한민국의 공무원이다.
우리는 헌법이 지향하는 가치를 실현하며 국가에 헌신하고 국민에게 봉사한다.
우리는 국민의 안녕과 행복을 추구하고 조국의 평화 통일과 지속 가능한 발전에 기여한다.

이에 굳은 각오와 다짐으로 다음을 실천한다.

하나. 공익을 우선시하며 투명하고 공정하게 맡은 바 책임을 다한다.

하나. 창의성과 전문성을 바탕으로 업무를 적극적으로 수행한다.

하나. 우리 사회의 다양성을 존중하고 국민과 함께하는 민주 행정을 구현한다.

하나. 청렴을 생활화하고 규범과 건전한 상식에 따라 행동한다.

행정서비스 헌장, 공무원 헌장을 보면 국민의 한 사람으로서 흐뭇해진다. '공무원이 국민을 위하여 노력하는구나!' 하는 생각이 든다.

그러나 실제 이것을 알고 있는 공무원이 얼마나 되는지 의심스럽다. 많은 공무원이 알지 못한다는 것은 제대로 실천을 하고 있지 않다는 것이다.

그러므로 민원인은 민원인으로서 행정서비스를 숙지하여 자기의 권리를 찾고 공무원은 다시 읽어 숙지하여 민원인에게 행정서비스 헌장의 약속을 이행하여야 할 것이다.

'공무원 행동강령'도 첨부하려 했으나 민원인과 직접적인 관계가 약하고 길어 생략하기로 했다.

다음은 국민과의 약속인 어떤 자치단체의 **'민원인 권리헌장'**을 보자.

이것도 각 자치단체에 다 있는 것으로 민원인의 권리로서 공무원이 지켜야 하는 것이다.

1. 민원인은 누구나 신속·공정·친절한 서비스를 제공받을 권리가 있습니다.
1. 민원인은 누구나 개인의 정보에 대하여 보호받을 권리가 있습니다.
1. 민원인은 누구나 차별 없는 행정서비스를 제공받을 권리가 있습니다.
1. 민원인은 누구나 제공받은 민원서비스가 부당할 경우 시정을 요구할 권리가 있습니다.
1. 민원인은 누구나 공무원의 잘못이나 비리행위가 있을 경우 처벌을 요구할 권리가 있습니다.
1. 민원인은 거부처분에 대하여 불복할 경우 「민원 처리에 관한 법률」 제35조제1항에 따라 그 거부처분을 받은 날로부터 60일 이내에 그 행정기관의 장에게 문서로 이의신청할 권리가 있습니다.

○○시 공무원은 모든 시민이 최상의 행정서비스를 제공받을 수 있도록 노력하겠습니다.

다음은 국민과의 약속인 국세청 **'납세자 권리헌장'**을 보자.

이것은 국세청에서 제정한 것으로 국세를 취급하는 각 세무서에 비치되어 있으며 지방세를 취급하는 자치단체에도 유사한 내용의 납세자 권리헌장을 게시하고 있다.

○ 근거 : 국세기본법제81조의2(납세자권리헌장의 제정 및 교부)

○ 세무조사 시 세무공무원은 납세자권리헌장을 교부하고 직접 낭독해야 함.

〈국세청 납세자 권리헌장〉

○납세자의 권리는 헌법과 법률에 따라 존중되고 보장됩니다.

○납세자는 신고 등의 협력 의무를 이행하지 않았거나 구체적인 조세탈루 혐의가 없는 한 성실하다고 추정되고 법령에 의해서만 세무조사 대상으로 선정되며, 공정한 과세에 필요한 최소한의 기간과 범위에서 조사받을 권리가 있습니다.

○납세자는 증거인멸 우려 등이 없는 한 세무조사 기간과 사유를 사전에 통지받으며, 사업의 어려움으로 불가피한 때에는 조사의 연기를 요구하여 그 결과를 통지받을 권리가 있습니다.

○납세자는 세무대리인의 조력을 받을 수 있고 명백한 조세탈루 혐의 등이 없는 한 중복 조사를 받지 아니하며, 장부·서류는 탈루 혐의가 있는 경우로서 납세자의 동의가 있어야 세무관서에서 일시 보관할 수 있습니다.

○납세자는 세무조사 기간이 연장 또는 중지되거나 조사범위가 조사 범위가 확대될 때, 그리고 조사가 끝났을 때 그 사유와 결과를 서면으로 통지받을 권리가 있습니다.

○납세자는 위법·부당한 처분 또는 절차로 권익을 침해당하거나 침해당할 우려가 있을 때 그 처분의 적법성에 대하여 불복을 제기하여 구제받을 수 있으며 납세자 보호 담당관과 보호 위원회를 통하여 정당한 권익을 보호받을 수 있습니다.

○납세자는 자신의 과세 정보에 대해 비밀을 보호받고 권리행사에 필요한 정보를 신속하게 제공받을 수 있으며, 국세공무원으로부터 언제나 공정

한 대우를 받을 권리가 있습니다.

〈자치단체 납세자 권리헌장〉

◦ 납세자의 권리는 헌법, 법령, 자치법규에 따라 존중되고 보장됩니다.

◦ 납세자는 신고·기록 등의 납세 협력의무를 다하지 않았거나 지방세를 탈루했다는 명백한 혐의가 없는 한 성실하다고 추정됩니다.

◦ 납세자는 범칙 사건 조사와 세무조사를 받을 때 세무대리인에게 도움을 받을 수 있고, 지방세 탈루 혐의 등이 없는 한 중복조사를 받지 않을 권리가 있습니다.

◦ 납세자는 자신의 과세 정보를 비밀로 보호받고 권리 행사에 필요한 정보를 신속하게 제공받을 수 있으며, 세무 공무원으로부터 언제나 공정한 대우를 받을 권리가 있습니다.

◦ 납세자는 법령과 자치 법규에 규정한 객관적인 기준에 따라 세무 조사대상으로 선정되고 공정한 과세에 필요한 최소한의 기간과 범위에서 조사받을 권리가 있습니다.

◦ 납세자는 증거 인멸 우려 등이 없는 한 세무 조사기간과 사유를 미리 통지받으며, 천재지변, 질병 등 불가피한 경우에는 자치단체에 세무조사 연기를 신청할 수 있습니다.

◦ 납세자는 세무조사 기간이 연장 또는 중지되거나 세무조사 기간이 끝났을 때 사유와 결과를 서면으로 통지받을 권리가 있습니다.

◦ 납세자는 위법·부당한 처분을 받았거나 필요한 처분을 받지 못하여 권리나 이익을 침해당했을 때에는 불복을 제기하여 구제를 받을 수 있으며 또한 납세자 보호관 등을 통해 정당한 권익을 보호받을 권리가 있습니다.

〈납세자 보호관〉

o 세무당국의 납세자 권리 침해, 무리한 세무조사 방지 등 납세자 고충 민원 처리 및 납세자 권익 보호를 위해 세무기관에 전담인력 배치.

o 납세자 보호관은 납세자의 요구에 근거해 세무조사 일시중지권, 시정요구(명령)권, 징계요구권, 조사권 등을 행사할 수 있고 세무상담도 하고 있음.

o 국세청에는 국장급.

  → 세무서, 광역자치단체, 시군구청 등 자치단체에서 세무 관련 어려운 일 있으면 납세자 보호관의 도움을 받을 수 있다.

다음은 국민과의 약속인 판검사들의 '<u>선서문</u>'을 보자.

〈검사 선서〉

나는 이 순간 국가와 국민의 부름을 받고 영광스러운 대한민국 검사의 직에 나섭니다.

<u>공익의 대표자로서 정의와 인권을 바로 세우고 범죄로부터 내 이웃과 공동체를 지키라는 막중한 사명을 부여받은 것입니다.</u>

나는 불의의 어둠을 걷어내는 용기 있는 검사, 힘없고 소외된 사람들을 돌보는 따뜻한 검사, 오로지 진실만을 따라가는 공평한 검사, 스스로에게 더 엄격한 바른 검사로서 처음부터 끝까지 혼신의 힘을 다해 국민을 섬기고 국가에 봉사할 것을 나의 명예를 걸고 굳게 다짐합니다.

〈경찰 선서〉

① 본인은 법령을 준수하고 상사의 직무상 명령에 복종한다.

② 본인은 국민의 편에 서서 정직과 성실로 직무에 전념한다.

③ 본인은 창의적인 노력과 능동적인 자세로 소임을 완수한다.

④ 본인은 재직 중은 물론 퇴직 후에라도 업무상 알게 된 기밀을 절대로 누
   설하지 아니한다.

⑤ 본인은 정의의 실천자로서 부정의 발본에 앞장선다.

〈판사 선서〉

본인은 법관으로서 헌법과 법률에 의하여 양심에 따라 공정하게 심판하고,
법관윤리강령을 준수하며, 국민에게 봉사하는 마음가짐으로 직무를 성실
히 수행할 것을 엄숙히 선서합니다.

이상과 같이 공무원들은 국민을 위하여 약속을 많이 했다. 대한민
국 공무원들이 이러한 약속들을 제대로 실천한다면 대한민국의 국
민은 복 받은 사람들이다. 처음에는 실천하는지 몰라도 세월이 가서
민원인과 부딪치고 피고인과 싸우다 보면 세월이 가서 권력에 취해
버리면 다 잊어버릴 것이다.

그러므로 국민이 알고 일깨워줘 기억하도록 할 필요가 있다.

민원인은 법이 부여한 자기의 권리 위에서 잠자지 말고 많은 것을
알고 자기 권리를 찾기 위하여 열심히 노력하여야 할 것이다.

3.
민원 관련 법률

> 1) 「민원처리에 관한 법률」 요약 ★★★★
> 2) 「행정절차법」 요약
> 3) 「행정규제기본법」 요약 ★★★★

민원 관련 법률을 보면 대표적으로 「민원 처리에 관한 법률」과 「행정절차법」을 들 수 있다. 내용은 공무원이 민원을 처리하며 지켜야 할 사항들이 나열되어 있다. 내용 중에는 민원인의 권리를 보호하기 위한 사항들도 있으니 공무원이나 민원인 모두 숙지하여 참고하기 바란다.

1) 「민원 처리에 관한 법률」 중 민원인 관련 중요 조문 발췌 요약

> **제4조**(민원 처리 담당자의 신속·공정·친절·적법하게 처리 의무)
> **제6조**(민원 처리의 원칙)
> - 처리 기간이 남았거나 당해 민원과 관련 없는 공과금 등 미납 이유로 민원 처리 지연 금지.
> - 민원 처리의 절차 등을 강화 금지.

제7조(개인정보 보호의무)

- 민원 처리로 알게 된 민원인, 민원내용 등을 누설 금지.

- 수집된 정보를 민원 처리 목적 외 사용 금지.

제9조(민원 접수)

- 법적 근거 없이 신청된 민원을 접수보류 또는 거부 금지.

제10조(불필요한 서류 요구 금지)★

- 관계법령에서 정한 **구비서류외 서류를 추가 요구 금지**.

- 다음 사항 시 관련 증명서류 또는 구비서류 제출 요구 금지.

  • 민원인 소지 주민등록증, 여권, 자동차면허증으로 신분 확인 가능 시.

  • 해당 행정기관의 공부 또는 행정정보로 필요한 내용 확인 가능 시.

  • 전자정부법제36조제1항에 따른 행정정보의 공동이용을 통하여 그 민원의 처리에 필요한 내용 확인 가능 시.

- 원래 민원의 내용 변경 또는 갱신·신청받은 경우 특별한 사유 없이 이미 제출된 관련 증명서류 또는 구비서류 다시 요구 금지.

제14조(다른 행정기관 등을 이용한 민원의 접수 및 교부)

- 다른 행정기관이나 농업협동조합법에 따라 설립된 조합과 농업협동조합 중앙회 또는 새마을금고법에 따라 설립된 새마을금고 및 새마을금고중앙회.

자치단체행정을 보면 제10조를 위반하여 불필요한 서류를 요구하는 경우가 종종 있다. 나의 경험으로는 허가자 재량행위 시 허가권자가 제10조를 위반하여 많은 서류를 요구하였다. 이의를 제기하고 다투었다. 허가자는 당해법률보다 옛날 선배들이 해 왔던 행태를 그

대로 답습하여 일을 처리하였다. 구체적인 이야기는 생략하기로 하고 제10조는 허가자의 재량행위가 아닌 기속행위로서 꼭 지켜야 하는 것이다. 민원인에게 제10조를 위반하여 서류를 요구하는 사항은 민원인에게 새로운 의무를 부과하는 것으로 위법이다. 국가는 국민의 권리를 제한하거나 국민에게 의무를 부여할 때는 법률로 정하여야 한다(법률유보의 원칙).

제16조(다른 기관·부서에 접수된 민원의 이송)
- 같은 청 내인 경우 1근무 시간 내에 이송.
- 거리가 먼 경우 3근무 시간 내에 이송.
- 다른 행정기관의 문서인 경우 8근무 시간 내에 이송하고 민원인에게 통지.

제17조(민원의 처리 기간 설정)
- 법정 민원: 사안별 다름.
- 질의 민원
  • 법령 설명 또는 해석 민원: 14일 이내.
  • 제도, 절차, 등 법령 외 사항 설명 또는 해석 민원: 7일 이내.
- 건의 민원: 14일 이내.
- 기타 민원: 특별한 사유 없으면 즉시 처리.
- 고충 민원:
  • 특별한 사유 없는 경우 7일 이내.
  • 필요한 경우 14~21일 이내.
* 근무하지 않은 날은 산입하지 않음.

경험상 공무원들은 빨리 처리할 수 있는 민원도 거의 처리 기간에 당도하여 처리한다. 공무원들이 지양하여야 할 사항이다.

위에서 법령 설명 또는 해석 민원(14일)은 처리 기간이 너무 길다. 법을 가지고 다투고 있는 상황에서 법령 해석을 질의하는데 아주 간단한 문제를 14일씩 기다리도록 하는 것은 탁상행정의 대표적인 사례라 하겠다.

제23조(반복 민원의 처리)★
- 동일한 내용의 민원을 정당한 사유 없이 3회 이상 반복 제출 시 2회 이상 통지하고 그 후 접수 민원은 종결 **처리할 수** 있음.

제24조(다수인 관련 민원 처리)
- 민원인은 연명부를 원본을 제출하여야 함.
- 다수 민원을 종결 처리 시 민원조정위원회의 심의를 거쳐야 함.

제27조(민원 처리 결과 통지)
- 민원인에게 문서로 통지하여야 함. 단, 기타 민원인 경우, 신속하게 통지하여야 하는 경우, 민원인이 원하는 경우는 구술 또는 전화 통지 가능.

제30조(사전심사 청구)★
- 인허가 등의 법정민원 신청 시 사전에 미리 약식의 심사를 청구할 수 있음.

제31조(복합민원의 처리)★

- 복합민원을 처리할 주무부서 지정하고 기관·부서 간 협조로 한 번에 처리할 수 있음(민원 1회 방문 처리제).

제33조(민원후견인 지정·운영)

- 경험 있는 직원을 민원후견인으로 지정하여 민원인을 안내 또는 민원인과 상당하게 할 수 있음.

제34조(민원조정위원회의 설치·운영)

- 장기 미해결 민원, 거부처분에 대한 이의신청 건, 민원의 주무부서 지정, 복합민원 등을 심의하기 위하여 민원조정위원회를 설치·운영하여야 함.

○ 똑같은 민원을 계속 낼 경우 3회까지 인정됨을 알고

○ 인허가 등 민원신청 시 불허될 수도 있는 것은 미리 가능 여부를 제30조에 의거 사전에 심사청구하여 알아보고 하는 것이 좋을 것이다.

○ **복합민원**은 건축허가처럼 미리 개발 허가 등을 득하여야 하는 등 여러 가지 다른 법률에 따라 여러 허가를 받아야 하는 것을 말하는 것으로 이러한 것을 개별 허가받으려면 많은 시간과 비용이 들므로 함께 서류를 구비하여 제출하면 제31조에 따라 한 번에 허가받을 수 있다.

또 법마다 다른 법률에 대하여 의제하여 주는 규정이 있으니 복합민원으로 접수하는 것이 좋다.

제35조(거부처분에 대한 이의신청)
- 거부처분에 불복하는 민원인은 처분받은 날부터 **60일 이내 문서로 이의신청할 수** 있음.
- 행정기관은 이의신청받은 날부터 10일 이내 인용 여부 결정하고 즉시 문서로 통지하여야 함. 부득이한 경우 연장할 수 있고 연장 사유를 민원인에게 통지.
- 민원인은 이의신청 여부와 관계없이 **행정심판**이나 **행정소송**을 제기할 수 있음.
- 이의신청서에 적어야 하는 내용(시행령 제40조)
  • 신청인의 성명과 주소 및 연락처
  • 이의신청의 대상이 되는 민원
  • 이의신청의 취지 및 이유
  • 거부처분을 받은 날과 거부처분 내용

제39조(민원제도의 개선)
- 행정기관의 장은 민원제도개선안을 발굴·개선하도록 노력하여야 함.
* 민원인이 민원불편사항을 의견 또는 건의하는 노력 필요.

나는 거부처분에 대하여 또 행정처분에 대하여 '행정법의 비례의 원칙'과 '신뢰보호의 원칙'을 따져 이의신청을 여러 번 낸 적이 있다. 받아들여진 적도 있고 받아들여지지 않아 행정심판 청구를 한 적도 있다.

특히, 행정심판은 단순·확실한 것이 아니면 꼼꼼히 챙기기보다는 가능한 원고보다 피고인 행정기관 쪽으로 기우는 것을 느꼈다. 행정심판청구한 내용이 복잡한 것은 자기가 직접 출석하여 구두 진술할 수 있도록 강하게 요구하여야 한다.

경험으로 미루어 볼 때 직접 출석하려 하였으나 기회를 주지 않아 참석하지 못했다. 내용 전체를 꼼꼼하게 읽어 보지 않은 것 같다. 행정심판 후 변호사에게 자문을 받아본 바, 변호사는 나의 행정심판 서류를 검토 후, 행정심판 위원들이 내용 전체를 꼼꼼히 보았다면 각하 결정이 나올 수 없다고 했다.

그러므로 내용이 많은 행정심판은 꼭 출석해서 의견을 피력하도록 했으면 좋겠다. 모든 권력기관이 돈과 권력이 있는 사람의 것은 꼼꼼히 챙기는데 일반 국민의 것은 대충한다는 것을 느꼈다. 검사, 판사도 마찬가지였음을 느꼈다.

2) 「행정절차법」 중 민원인 관련 중요 조문 발췌 요약

제1조(목적)
- 이 법은 행정의 공정성·투명성 및 신뢰성을 확보하고 국민의 권익을 보호함을 목적으로 한다.

제4조(★신의성실 및 **신뢰보호**)

- 공무원은 믿음과 의리, 즉 인간이 마땅히 행하여야 할 도리에 따라 직무를 성실히 하여야 한다.

제5조(투명성)

- 행정작용은 그 내용이 구체적이고 명확하여야 한다(명확성의 원칙).
- 민원인이 행정청에 해석 요구 시 따라야 한다.

제15조(송달의 효력 발생)

- 문서가 **송달받을 자에게 도달됨으로써** 그 효력이 발생한다.
- 전자문서 시 송달받을 자가 지정한 컴퓨터에 입력된 때를 도달로 본다.
- 공고의 경우 공고일로부터 14일이 지난 때 그 효력이 발생한다.

제16조(기간 특례)

- 천재지변 등이 있는 경우, 끝나는 날까지 기간의 진행이 정지된다.

제21조(처분의 사전통지)

- 의무를 부과하거나 권익을 제한하는 처분의 경우 미리 당사자에게 통지하여야 한다(처분의 제목, 당사자 성명 주소, 처분 원인 내용, 법적 근거, 의견 없을 시 처리 방법, 의견제출 기한, 기타사항).

제23조(처분 이유의 제시)

- 행정청은 처분할 때에는 다음 각 호의 어느 하나에 해당하는 경우를 제외하고는 당사자에게 그 근거와 이유를 제시하여야 한다.

제24조(처분 방식)

- 문서로 하여야 한다. 전자문서로 할 경우 당사자 동의가 필요하다.

- 처분 문서는 담당자 소속 성명 연락처를 적어야 한다.

제37조(청문 문서열람 및 비밀유지)

- 청문의 통지가 있는 날부터 청문이 끝날 때까지 행정청에 해당 사안의 조사 결과에 관한 문서와 그 밖에 해당 처분과 관련되는 문서의 열람 또는 복사를 요청할 수 있다. 이 경우 행정청은 다른 법령에 따라 공개가 제한되는 경우를 제외하고는 그 요청을 거부할 수 없다.

○ 「행정절차법」의 목적을 보면 "행정의 공정성·투명성 및 신뢰성을 확보하고 국민의 권익을 보호함을 목적으로 한다."라고 규정하고 있다. 민원인은 「민원 처리에 관한 법률」과 「행정절차법」을 숙지하여 민원인의 권익 즉, 권리와 이익을 보호받아야 한다. "법은 권리 위에 잠자는 자는 보호하지 않는다."를 상기해 보자.

○ 제4조의 **'신의성실의 원칙'과 '신뢰보호의 원칙★'은 중요한 것**이다. 이것은 민법제2조에서도 규정하고 있다. 이것은 사업을 하는 사람이라면 언젠가는 써먹을 날이 있을 것이다. 일반 국민 역시도 활용할 가치가 큰 것이다. 헌법의 **비례의 원칙**과 행정법의 **신뢰보호의 원칙**은 재미있는 것으로 꼭 숙지하기 바란다. 이들 원칙은 이후 법률의 일반원칙에서 자세히 설명하기로 하겠다.

3) 「행정규제기본법」 중 민원인 관련 중요 조문 발췌 요약

제1조(목적)
- 이 법은 불필요한 행정규제를 폐지하고 비효율적인 행정규제의 신설을 억제로 사회·경제활동의 자율과 창의를 촉진하여 국민의 삶의 질을 높이고 국가경쟁력이 지속적으로 향상되도록 함을 목적으로 한다.

제3조(적용 범위)
- 규제에 관하여 다른 법률에 특별한 규정이 있는 경우를 제외하고는 이 법에서 정하는 바에 따른다.
- 지방자치단체는 이 법에서 정하는 취지에 따라 조례·규칙에 규정된 규제의 등록 및 공표(公表), 규제의 신설이나 강화에 대한 심사, 기존 규제의 정비, 규제심사기구의 설치 등에 필요한 조치를 하여야 한다.

제4조(규제법정주의 ★법률 유보의 원칙)
- 규제는 법률에 근거하여야 하며, 구체적이고 명확하게 규정되어야 한다.
- 규제는 법률에 직접 규정하되, 규제의 세부적인 내용은 대통령령·총리령·부령 조례·규칙으로 정할 수 있다.
- 행정기관은 법률에 근거하지 아니한 규제로 국민의 권리를 제한하거나 의무를 부과할 수 없다.

제5조(규제의 원칙 ★비례의 원칙)
- 국가나 지방자치단체는 국민의 자유와 창의를 존중하여야 하며, 규제를 정하는 경우에도 그 본질적 내용을 침해하지 아니하도록 하여야 한다.

- 국가나 지방자치단체가 규제를 정할 때에는 <u>국민의 생명·인권·보건 및 환경 등의 보호와 식품·의약품의 안전을 위한 실효성이 있는 규제가</u> 되도록 하여야 함.
- 규제의 대상과 수단은 규제의 목적 실현에 필요한 <u>최소한의 범위에서 가장 효과적인 방법으로</u> 객관성·투명성 및 공정성이 확보되도록 설정되어야 함.

제6조(규제의 등록 및 공표)
- 중앙행정기관의 장은 소관 규제의 명칭·내용·근거·처리기관 등을 제23조에 따른 <u>규제개혁위원회에 등록하여야 한다.</u>

제8조의2(소상공인 등에 대한 규제 형평)
- 중앙행정기관의 장은 <u>규제를 신설하거나 강화하려는 경우</u> 「소상공인 보호 및 지원에 관한 법률」 제2조에 따른 <u>소상공인 및</u> 「중소기업기본법」 제2조제2항에 따른 <u>소기업에 대하여 해당 규제를 적용하는 것이 적절하지</u> 아니하거나 과도한 <u>부담을 줄 우려가 있다고 판단되면</u> 규제의 전부 또는 일부의 적용을 면제하거나 일정 기간 유예하는 등의 방안을 검토하여야 한다.

제9조(의견수렴)
- <u>규제를 신설하거나 강화하려면</u> 공청회, 행정상 입법예고 등의 방법으로 행정기관·민간단체·이해관계인·연구기관·전문가 등의 의견을 충분히 <u>수렴하여야 한다.</u>

제16조(심사절차의 준수)
- 중앙행정기관의 장은 위원회의 심사를 받지 아니하고 규제를 신설·강화
  하여서는 아니 된다.

제17조(규제정비의 요청)
- 누구든지 위원회에 고시(告示) 등 기존 규제의 폐지 또는 개선을 요청할
  수 있다.
- 위원회는 제1항에 따라 정비 요청을 받으면 해당 규제의 소관 행정기관
  의 장에게 지체 없이 통보하여야 하고, 통보를 받은 행정기관의 장은 책
  임자 실명으로 성실히 답변하여야 한다.

제19조의4(신산업 규제정비 기본 계획의 수립 시행)
- 위원회는 신산업을 육성하고 촉진하기 위하여 신산업 분야의 규제 정비
  에 관한 기본 계획을 3년마다 수립·시행하여야 한다.

제23조(규제개혁위원회 설치)
- 정부의 규제 정책을 심의·조정하고 규제의 심사·정비 등에 관한 사항을
  종합적으로 추진하기 위하여 대통령 소속으로 규제개혁위원회를 둔다.

○ 「**행정규제기본법**」의 목적은 행정적으로 이루어지는 불필요한
  규제를 폐지하여 사회·경제활동을 하도록 하자는 것으로 국민
  누구나 불필요한 규제라고 판단되는 것은 동법 제17조에 의거
  규제개혁위원회에 요청하면 될 것이다.

○ 규제개혁위원회

  - 주소: 세종시 다솜로 261 세종청사 331호

  - 전화: 044-868-9205(규제건의 및 문의)

제3장

행정법 일반

📖 잠시 쉬었다 가기 - [법이란?]

우리는 법 관련 용어에 대하여 많이 헷갈리는 경우가 있다. 그래서 법 용어를 정리해 보고자 한다.

1) 법령과 법률

○ **법령(法令)** : 법률과 명령을 말하는 것으로서 작게는 국회에서 제정한 법률과 시행령(대통령령), 시행규칙(각 행정부처에서 만든 부령)을 말하고 넓게는 지방자치단체의 조례, 규칙, 대법원의 및 국회의 규칙 등 각종 법 형식을 갖춘 것을 포함하여 말한다.

○ **법률(法律)** : 국회의 의결을 거쳐 대통령이 **서명·공포한 법**을 말한다.

○ **법 구조** : 헌법(상위)-법률(중위)-명령, 규칙(하위)

2) 법과 법률의 차이

효력과 내용에 차이는 없다.

○ **'법'**은 헌법, 법률을 포함한 성문법, 불문법 조약 및 국가 및 자

치단체 등이 제정한 조례, 명령, 규칙 등 국가의 권력으로 규제
할 수 있도록 하는 사회규범을 말한다.

○ '**법률**'은 국회에서 제정한 규범을 말한다.

※ **법제명에 붙여 사용하는 때**의 '법률'은 법명에 '하는', '위한', '의',
'관한' 등의 제한적 의미가 들어간 경우 '법률'이라고 붙이고 있다(예
: 국토의 계획 및 이용에 관한 법률).

3) 법의 종류

○ 법은 내부적 외부적으로 구속력이 있어야 한다.

○ **법** : 헌법, 법(률), 령(대통령령), 부령(부처장관령), 조례, 조약,
판례, 관습법, 조리

※ 법원(法源)이나 판례가 없을 경우 **관습법**에 의하고 관습법이
없는 경우 **조리**에 의한다.

참고사항

조리(條理)
- 조리는 자연의 이치, 도리(道理), 선량한 풍속, 사물의 본질적 법칙, 정의, 형평,
  사회통념 등을 나타내는 것으로서 성문법이 아니어도 법으로 인정하고 있다.
- 법원으로서 관습법처럼 법률에서 발생하는 흠결을 보충할 수 있다.
- * 민법**제1조(법원)** 민사에 관하여 법률에 규정이 없으면 관습법에 의하고 관
  습법이 없으면 조리에 의한다.

○ 법의 문서 형식 여부에 따른 분류

- **성문법** : 문자로 작성된 것으로 헌법, 법(령, 부령), 조례, 조약, 판례

- **불문법** : 문자로 작성되어 있지 않고 사회통념상 원칙, 자연의 섭리 등을 말할 수 있는 것으로 관습법, 판례법, 조리가 있다.

○ **행정규칙** : 법규의 성질을 갖지 않은 행정 내부의 일반규정으로서 국민의 권리나 의무와 관련이 없고, 법규명령이 아닌 행정명령으로서 지침, 훈령, 예규 등을 말한다.

- **지침** : 업무실시의 방법, 관리, 계획 등 업무 추진에 따른 길잡이(업무 처리 지침, 보조금 시행지침).

- **훈령** : **법령의 해석과 운용방침의 통일을 목적**으로 상급관청이 하급관청의 권한행사를 지휘·감독하기 위하여 발하는 명령(집무 기준, 법령해석 기준 등).

- **예규** : 상급청이 하급청에 대하여 그 감독권의 발동으로서 **준수하고 적용해야 할 방법을 제시**하는 하나의 규정이나 지시(근무규칙, 사무에 관한 기준 등).

1.
기본적인 행정법 일반★★★★

> **1) 행정행위**
> **2) 행정행위 종류**
> **3) 행정행위의 성립 및 효력**
> **4) 행정행위의 하자(흠, 위법성)★★★★**
> **5) 부관**

1) 행정행위

(1) 뜻

- 행정기관이 행정권을 작용하여 법규를 적용하고 집행하는 구체적인 행위. 즉, 행정기관이 법을 집행하는 것.
- 법을 집행하는 것(명령, 허가, 면제, 특허, 인가, 예산 작성 및 집행, 처분 등).

2) 행정행위 종류

(1) 재량행위★

행정청이 행정행위를 함에 있어 법으로 행정청에게 재량권(독자적인 판단)을 부여하고 있는 행정행위로서 그 기관의 재량에 따라할 수 있는 처분(법 규정에서 "할 수 있다."라고 적혀 있는 것).

(2) 기속행위

법의 집행에 있어서 행정청에 재량이 전혀 허용되지 않는 행정처분(법 규정에서 "하여야 한다."라고 적혀 있는 것).

3) 행정행위의 성립 및 효력

(1) 행정행위가 성립되기 위하여는

- 정당한 권한을 가진 행정청이
- 하자 없는 내용(사실이나 법적으로 실현 가능하여야 하고, 명확하여야 하고, 행정법의 일반원칙에 위배되지 않아야 하고, 행정법률의 적합성인 법률 우위의 원칙과 법률 유보의 원칙에 적합)을
- 형식(문서 또는 전자문서)을 갖춰
- 올바른 절차(결재라인, 동의 등)에 따라 시행하여야 한다.

(2) 성립 조건을 갖춘 문서가 상대방에게 통지됨으로써 효력이 발생한다.

(3) 행정행위의 효력은

- 상대방 구속력, 아무도 부정할 수 없는 공정력, 행정행위의 효력을 변경할 수 없는 존속력, 행정행위의 내용을 실현할 수 있는 집행력이 있다.

📖 잠시 쉬었다 가기 - [민·허가 종류]

우리가 살아가면서 행정기관에 가야 하는 일 중 가장 많은 것은 행정행위로서의 법정민원인 인·허가 및 신고 등의 민원일 것이다. 이러한 민원이 헷갈릴 수 있어 아래 표와 같이 비교하여 풀어 보았다.

○ 법정민원

법령, 자치법규 등에서 정한 요건에 따라 아래 사항의 특허 면허 인가·허가 등록 등을 신청 또는 신고하거나 특정 사실 또는 법령 관계를 확인 또는 증명을 신청하는 것.

종류	내용	비고
특허 (재량행위)	특정인에게 특정한 권리를 허가. - 공익 여부에 따라 허가하지 않아도 됨.	- 공유수면 매립면허 - 운전면허 - 광산면허
허가 (기속행위)	누구나 할 수 있는 것을 방지하기 위해 금지시켜 놓고 요건이 맞을 경우에 허가해 주는 것.	- 건축허가 - 영업허가

인가	제3자의 법률행위를 인정하여 허가하는 것(행정 주체의 동의 행위 : 보충행위).	- 법인설립의 인가 - 사업양도의 인가
승인	타인의 행위에 대하여 인정해 주는 것(동의).	- 상품규격의 승인 - 임시사용 승인
등록	자격 조건을 갖추기 위하여 법률관계를 등록기관에 장부에 기재하는 것.	- 법인체 등록 - 상표등록
신고	행정기관의 수리를 요하지 않는 신고(자체 완성적 신고).	- 출생신고, 혼인신고
	행정기관의 수리를 요하는 신고(행정 요건적 신고). - 신고필증 교부	- 공인중개사업신고 - 산지일시사용신고

O 개인이나 법인이 인허가 등을 받음으로써 권리나 자격을 획득하게 된다.

4) 행정행위의 하자(흠, 위법성)★★★★

행정행위는 효력 발생을 위한 성립 요건과 효력 요건을 갖추지 못할 경우 하자가 발생되어 효력을 상실할 수 있다. 민원인은 행정청의 처분에 대하여 하자를 찾아내어 처분 등의 행정행위에 대한 효력을 상실시킬 수 있다.

역시 공무원들도 처분의 행정행위가 하자가 없도록 행정행위의 성립 요건과 효력 요건을 잘 살펴 효력이 상실되는 일이 없도록 하여야 할 것이다.

(1) 하자의 원인과 무효, 취소, 철회

행정행위는 하자가 발생하면 무효이거나 취소가 되어 효력을 상실하게 된다. 여기서는 무효, 취소, 철회의 원인과 결과를 설명하고자 한다.

---

1) 무효★

- 행정행위가 성립했으나 효력 요건을 갖추지 못한 것, **처음부터 효력이 없는 것**.

* 무효의 성립 원인
- 주체에 하자 있을 때(권한 없는 자의 행위).
- 내용에 하자가 있을 때(내용이 실현 불가능, 불명확하거나 불법일 때).

- 절차에 하자가 있을 때(상대방의 신청 또는 동의를 받지 않는 경우, 공고 또는 통지를 하지 않은 경우).
- 형식에 하자가 있는 때(서면으로 하지 않는 행위, 행정청의 서명 날인이 없는 행위 등 행정행위의 본질적 부분에 하자가 있는 경우).
- 중대 명백설에 해당하는 경우(내용상 중대하고 외관상 명백한 하자가 있는 경우).
- **무효**는 **법률상 효과가 절대 발생시키지 않음(원천무효).**

* 무효행위에 의하여 이미 이행된 경우, 부당이득금 반환청구할 수 있다.

2) 취소(당초 : 위법, 부당한 행정행위)

- 유효한 행정행위에 당초부터 성립에 하자가 있는 것으로 **소급하여 처음부터 그 효력을 소멸**시키는 것이고, 취소(직권취소, 쟁송취소)권을 포기하거나 취소권이 소멸되면 행정행위는 유효하다.

예) 하자 있는 자에게 미용사 면허를 주고 취소시키지 않는다.

3) 철회(당초 : 적법한 행정행위)

- 하자 없이 유효하게 성립된 행정행위를 사후 새로 발생된 사유에 의하여 **철회하고 그 이후의 효력을 소멸시키는 것(행정행위의 폐지).**

예) 허가 조건을 지키지 않은 경우 허가 철회.

※ **참조 : 민법상 철회는 취소와 같은 것으로 본다.**

(2) 행정행위의 폐지

행정행위를 하였다면 그 행정행위를 폐지할 경우도 있을 것이다.

행정행위에 하자가 있어 폐지시켜야 하는 경우도 있고 행정행위에 하자가 없는 적법한 행정행위에 대하여 공익상 폐지시켜야 할 어떤 사유가 발생했을 때 장래의 효력을 정지시키기 위하여 폐지하여야 할 때가 있을 것이다.

행정행위 폐지 방법으로는 전자와 같이 행정행위에 하자가 있어 폐지할 경우에는 행정청에서 직권으로 폐지하는 **직권취소**와 재판을 통하여 즉, 행정심판이나 행정소송을 통하여 폐지하는 **쟁송취소**가 있다.

후자와 같이 행정행위에 하자 없이 유효한 행정행위를 폐지하는 것을 **철회**라고 한다.

그럼 직권취소와 쟁송취소 그리고 철회에 대하여 간략히 설명코자 한다.

---

1) 행정행위의 폐지 종류

- 하자가 있는 행정행위 폐지.
  - 직권취소 : 행정청이 그 행위에 하자 있는 이유로 취소.
  - 쟁송취소 : 행정심판이나 행정소송 결과에 의해 취소.
- 하자가 없는 행정행위.
  - 철회 : 행정청이 행정행위에 대한 미래의 효력을 소멸시키는 의사표시.

---

2) 취소의 법적 근거

- 직권취소 : 법적 근거 없고, 하자 있는 행정행위는 직권취소 가능하다는 학설과 판례에 의지.
- 쟁송취소 : 행정심판법 및 행정소송법.

3) 직권취소의 자유와 제한

- **침익적 행정행위**(국민에게 이익을 침해하는 행정행위)에 대한 직권취소.
  - 적법한 행정으로 회복되고 상대방에게 수익과 권익 보호로 유익하기 때문에 직권취소는 자유롭다.
- **수익적 행정행위**(국민에게 이익을 주는 행정행위)에 대한 직권취소.
  - 적법한 행정으로 회복된다 해도 상대방에게 행정행위에 대한 신뢰의 이익이 공익보다 크고 법적 안정을 침해할 수 있어 직권취소 제한되고 자유스럽지 않다.

예) 건축허가 후 건축이 된 상태에서 건축허가에 하자 있음을 발견, 이때 직권취소할 경우, 적법한 행정으로의 회복에 대한 공익과 상대방의 입게 될 손해를 비교하여 공익과 사익 중 사익이 크다면 취소 불가(상당성의 원칙).

4) 철회

사례 1) 행정청이 박 씨에게 건축허가를 해 주고 나중에 건축허가해 준 구역을 포함하여 그 지역 전체를 포함하여 공익이 큰 종합경기장을 건설함으로써 건축허가 취소(이런 경우 손해 보상).

사례 2) 허가 조건에 다른 불법행위를 하면 허가를 철회한다는 조건 위반에 따른 영업허가 철회.

사례 3) 허가하며 기한을 정하여 점용료를 납부하도록 부담하였으나 납부

불이행(부담 불이행)에 따라 허가철회.

5) 철회의 자유와 제한
- 직권취소의 침익적 행정행위에 대한 직권취소와 수익적 행정행위에 대한 직권취소 참조.

6) 철회의 하자
- 철회처분에 하자가 있다면 그 철회처분은 무효.

 (3) 하자 있는 행정행위의 치유, 전환, 승계

1) 치유
- 대상 : 취소에 해당하는 행정행위로서 사후에 보완이 되거나 취소할 필요가 없어진 경우.
- 효과 : 처음부터 적법한 행위와 같은 효과(소급효, 처음의 하자로 효력을 다툴 수 없음).
- 근거 : 민법제143조 내지 제146조, 판례, 신뢰보호.
- 사례
  • 행정청이 청문 절차를 이행함에 영업자에게 청문서 도달 기간을 어겼지만 영업자는 이의를 제기하지 않고 청문일에 출석하여 의견진술과 변명 등의 방어 기회를 충분히 가진 경우(대법1992.10.23.선고92누2844 판결).
  • 행정청은 행정절차법제23조의 '처분 이유 제시' 규정을 위반하여 처분 이유를 적시하지 않고 불법행위 영업자에게 영업허가를 취소하여 절차상 하자가 있어 행정청의 처분은 위법한 것으로 영업자가 처분취소 소송을 하기 전에 행정청이 처분 이유를 문서로 보내면 당초 처분은 처음부터 적법한 것으로

된 경우(필요적 사전절차를 사후 이행으로 하자는 치유됨).

2) 전환

- 대상 : 무효에 해당하는 행정행위로서 이를 다른 행정행위로 간주하면 유효의 요건을 갖추게 되는 경우.
- 효과 : 종전행위 당시로부터 소급(치유효력과 같음).
- 근거 : 민법제138조(무효행위의 전환), 판례, 신뢰 보호.
- 사례
  • 과오 납세액을 다른 조세채무로 충당한 행위가 무효인 경우 이를 환급행위로 전환하는 경우.
  • 장사 씨는 행정청에 영업허가 신청을 하고 사망. 행정청은 장사 씨가 죽은 후 영업허가함. 민법제3조(권리능력의 존속기간)에 따라 죽은 사람은 권리와 의무 주체가 되지 않으므로 행정청은 허가는 무효가 됨. 이런 경우 영업허가를 살아 있는 가족 명의로 전환으로 치유, 처음부터 적법한 것으로 됨(죽은 사람에 대한 허가 또는 부과된 의무는 무효이므로 이것을 상속인에게 허가 또는 부과한 것으로 전환).

3) 승계

- 대상 : 선행행위에는 취소 사유의 하자가 있고 후행행위에는 하자가 없어야 하는 것으로 두 행위 모두 항고 소송(행정청의 위법한 처분 등을 취소 또는 변경하는 소송)의 대상이 되는 처분이어야 하므로 이것은 드문 경우이고 설명이 길어 여기서 다루지 않기로 하겠음.

5) 부관

우리는 행정청으로부터 허가 등을 받으면 허가서 뒤에 첨부된 허가 조건을 받는다. 내용을 보면 무엇이 그리 많은지 이해되지 않는 많은 조건들이 가득 쓰여 있다.

허가 조건을 보면 나의 허가 내용과 관련 없는 것도 있고 이해가 안 되는 것도 있고 실효성이 없는 것도 있고 하여튼 이해가 안 되는 조건도 많이 있다.

어떤 경우는 몇 건의 허가를 받아 보면 허가 조건이 같다. 불필요한 허가 조건들, 허가 내용이 다름에도 똑같은 허가 조건들.

이러한 허가 조건은 위헌 위법에 해당된다고 생각한다. 불필요한 허가 조건을 명시하는 것은 권한남용에 해당할 수 있고 과잉금지의 원칙에도 위반될 수 있다. 그래서 엄밀히 따지면 그 허가 조건은 내용에 하자가 있는 것으로 무효일 수 있는 것이다.

이러한 것은 공무원들이 허가 조건을 달 때 하나하나가 법에 위반 사항이 없는지? 또 허가 내용과 부합하는지? 또 민원인의 권리와 자유를 침해하는 것이 없는지? 따져 적었으면 좋겠다. 왜냐하면 허가 조건 하나하나에 따라 허가가 죽느냐 사느냐? 허가받은 자의 권리가 죽느냐 사느냐? 또한 허가받은 자가 범법자가 되느냐 안 되느냐?가 될 수 있기 때문에 허가 조건은 굉장히 중요한 것이다.

허가 조건은 구속력이 있는 것이라서 공무원은 "무심코 던진 돌이 개구리에 맞아 개구리를 죽인다."라는 속담을 명심하여 허가 조건을 세심히 따져 작성하고 피허가자인 민원인은 자기가 허가 조건으로 인하여 침익당할 수 있는 조건이 있다면 이의를 제기하여 바로 잡아 이후 허가 조건으로 인하여 피해보는 일이 없도록 하여야 할 것이다.

그럼 부관에 대하여 적어 보기로 하겠다.

(1) 부관의 뜻

- 허가 등의 행정행위의 효력을 제한하기 위하여 부가되는 약관 (일반적으로 '허가 조건'이라 함)

(2) 부관의 가능 여부

- 관련 법규에 부관을 달 수 있도록 규정하고 있는 경우 : 가능

> **[식품위생법]**
> **제37조(영업허가 등)** ② 식품의약품안전처장 (중략) 구청장은 제1항에 따른 영업허가를 하는 때에는 **필요한 조건을 붙일 수 있다**.
>
> **[도로교통법]**
> **제80조(운전면허)** ③ 시·도경찰청장은 (중략) 자동차 등의 구조를 한정하는 등 운전면허에 **필요한 조건을 붙일 수 있다**.
>
> **[하천법]**
> **제33조(하천의 점용허가 등)** ② (중략) 하천점용허가에는 하천의 오염으로 인한 공해, 그 밖의 보건위생상 위해를 방지함에 필요한 **부관을 붙일 수 있다**.

- 관련 법규에 부관을 달 수 있는 명문규정이 없는 경우
  - 법률행위적 행정행위에만 조건, 기한, 부담, 취소권의 유보, 법률효과의 일부 제외 등 부관을 붙일 수 있지만, 이 경우도 재량행위에만 붙일 수 있고 기속행위에는 붙일 수 없다.
  - 준법률행위적 행정행위에는 붙일 수 없다.
※ 법률행위적 행정행위, 준법률행위적 행정행위 : 아래 설명 참조.

부관은 인·허가 등에 있어서 아주 중요한 사항으로 부관 역시 효력이 있느냐 없느냐를 따질 수 있다.

부관이 제대로 효력을 발휘하려면 법적으로 하자가 없어야 하는 것이다. 하자가 있는 부관은 무효가 되기 때문이다. 부관을 붙일 수 있는 법적 권한도 없이 부관을 붙이는 행정행위는 무효이고 또한 무효한 부관이 허가권자나 민원인이 몰라 민원인에게 효력을 발생시켰다면 이 또한 민원인에게는 아주 큰 손해를 끼칠 수 있기 때문이다. 잘못 붙인 부관으로 인하여 허가 취소 등을 당해 손해를 입었다면 민원인은 민사소송을 추진하여 손해에 대한 배상을 받아야 한다. 행정행위자인 공무원은 조직적으로 대응하여 손해가 없지만 민원인은 돌이킬 수 없는 손해를 입게 된다.

따라서 **부관을 붙일 수 있는 경우 없는 경우에 대하여 명확히 알려주고자** 따지다 보니 **법률행위적 행정행위**와 **준법률행위적 행정행위**가 이해가 안 되어 독자들도 이해할 수 있게끔 이것, 저것 찾아 아래와 같이 설명을 해 보았다. 보고 있으면 선뜻 이해가 안 돼도 예)를 비교해 가며 자꾸 읽다 보면 이해가 갈 것으로 생각한다.

법률행위적 행정행위와 준법률행위적 행정행위는 행정행위가 효력을 발생하기 위하여 행정행위자인 **공무원의 판단이 들어간 것인지 아닌지**에 따라 구분이 된다고 생각하면 되겠다. 쉬운 예로, 신고 필증 교부를 요하는 신고(조건을 갖추어야 하는 허가에 준하는 신고)인지 아니면 신고필증을 요하지 않는 자체 완성적 신고(출생신고, 결혼신고)인지를 생각하면 이해될 것 같다.

용어 해설

○**행정행위 종류**
  - 행정행위의 요소인 정신작용이 **효과의사**냐 아니냐에 따라 법률행위적 행정행위, 준법률행위적 행정행위로 구분됨.

○**효과의사**
  - 법률 효과의 발생을 의도하는 생각.
  예) 팔고 사려는 사람의 생각, 결혼하려고 하는 사람의 생각 등은 사고팔고 또 결혼함으로써 법률 효과가 발생함.

○**법률행위적 행정행위(효과의사)**
  - 의사표시를 요소로 한다(행정행위자의 판단을 요하는 것).
  예) 명령적 행정행위(하명행위, 허가, 면제), 형성적 행정행위(특허, 대리, 인가)

○ **준법률행위적 행정행위(효과의사 아님)**

  - 의사표시를 요소로 하지 않는다(행정행위자의 판단을 요하지 않는 것).

  - 행위자의 의사 여하에 관계 없이 직접 <u>법규가 정하는 바에 따라</u> 법률 효
    과가 발생하는 행위.

  예) 확인행위, 공증행위, 통지행위, 수리행위

(3) 부관의 조건★★

- 법령을 위반하여서는 안 된다.
- 민원인에게 침익적 조건은 법적 근거가 있어야 한다(법률유보의 원칙).
- 조건이 되는 사실은 장래에 불확실한 사실이어야 한다.
- 선량한 풍속 및 사회질서에 반하는 것이 아니어야 한다.
- 실현 불가능한 것이 아니어야 한다.

(4) 부관의 종류

부관의 종류에는 조건, 기한, 철회권의 유보, 부담, 부담유보 등이 있다.

(가) **조건**의 부관

행정행위의 효력 발생 또는 소멸을 앞으로 발생 여부가 **불확실한** 사실에 종속시키는 것.

예) 1월 1일 A 지역의 하천점용을 허가한다, 단 1월 20일까지 진입로를 설치하여야 한다.

(나) **기한**의 조건

행정행위의 효력 발생 또는 소멸을 앞으로 발생 여부가 **확실한** 사실에 종속시키는 것.

예) 허가 기간을 ○○년 ○○월까지로 한다.

(다) **철회권(취소권)의 유보**의 부관

정해 준 조건을 위반하면 행정행위를 철회할 수 있음을 알려 주고 철회를 그 상황 때까지 유보하는 것.

예) 피허가자가 아래 사항을 위반 시 허가 취소할 수 있습니다.

(라) **부담**의 부관(작위부담과 부작위부담)

수익적 행정처분 등의 행정행위에 작위, 부작위, 수인, 급부의 의무를 부과하는 것.

예) 하천점용을 허가한다.

단, ○○일까지 진입로를 설치하여야 한다(작위부담).

하천제방을 훼손하여서는 안 된다(부작위부담).

하천공사를 하는 동안 하천점용 경작금지(수인〈受忍〉: 참다, 받아들이다).

하천점용료를 ○○○원 납부하여야 한다(급부).

(마) **부담유보**의 부관

미리 부담을 유보해 두는 것.

예) 점용을 허가합니다. 추후 점용료를 징수할 수 있습니다.

2.
행정처분의 구제

행정처분에 대하여 불만을 가질 수 있고 부당한 경우도 있다. 이러한 것을 그냥 받아들일 수 없는 것으로 구제를 받아야 한다.

모르면 행정사나 변호사사무실에 가서 물어봐야 한다. 그러면 돈을 요구한다. 자문비를 요구한다. 자문비를 내고 속 시원하게 알려주면 좋은데 그렇지 않다. 그래서 여기에 상식선에서 간략히 설명하고자 한다.

행정처분에 대하여 이의가 있거나 불복할 경우 구제받을 수 있는 방법으로는 이의신청하는 방법, 행정심판을 청구하는 방법, 행정소송을 제기하는 방법이 있다.

1) 이의신청
(1) 뜻

자치단체 등 국가기관의 위법하거나 부당한 처분에 대하여 취소나 변경을 신청하는 것.

(2) 근거

① 민원처리에 관한법률 제35조(거부처분에 대한 이의신청)

- 거부처분에 불복하는 민원인은 처분받은 날부터 **60일 이내 문서로 이의신청할 수** 있음.

- 행정기관은 이의신청받은 날부터 10일 이내 인용 여부를 결정하고 즉시 문서로 통지하여야 함. 부득이한 경우 연장할 수 있고 연장 사유를 민원인에게 통지.

- 민원인은 이의신청 여부와 관계없이 **행정심판**이나 **행정소송**을 제기할 수 있음.

- 이의신청서에 적어야 하는 내용(시행령 제40조)
  • 신청인의 성명과 주소 및 연락처
  • 이의신청의 대상이 되는 민원
  • 이의신청의 취지 및 이유
  • 거부처분을 받은 날과 거부처분 내용

※ 형사는 형사소송법(제489조)에서 사항을 따르고 민사는 민사소송법(제470조), 민사집행법(제34조, 제151조, 제283조, 제301조)에 의거 이의신청.

2) 소극행정신고

(1) 운영

국민권익위원회 내 소극행정신고센터 운영.

(2) 신고

국민권익위원회 홈페이지 내 소극행정신고센터에 회원가입 후 신고.

(3) 소극행정 유형(국민권익 홈페이지 설명자료)

- 적당편의 : 적당히 형식만 갖추어 업무를 처리하려는 행위.
- 복지부동 : 주어진 업무를 게을리하거나 부주의하여 업무를 이 행하지 않는 행태.
- 탁상행정 : 기존의 불합리한 업무 관행에 젖어 있거나 현실과 동 떨어진 행태.
- 관중심 행정 : 공적인 권한을 부당하게 행사하거나 부서 간에 책 임을 떠넘기는 행위.

※ 적극행정 운영규정 참조

- 적극행정 위원회 운영
- 적극행정 우수공무원 선발(인사상 우대조치, 징계면제 등)
- 소극행정 예방 및 근절 등

3) 고충민원 신청

(1) 운영

국민권익위원회 내 고충처리위원회 운영.

(2) 신청

서면, 우편, 인터넷, 팩스 등을 통하여 신청.

(3) 처리 절차

신청 → 민원조사 → 심의·의결 → 처리 결과 통보

(4) 결과 조치

해당 기관에 권고, 감사 의뢰 등

다음의 법률들은 행정청으로부터 침해되었던 것 손해된 것에 대하여 도와줄 수 있는 법들이다.

4) 「행정심판법」 요약 발췌

제1조(목적)
- 행정청의 위법 또는 부당한 처분(處分)이나 부작위(不作爲)로 침해된 국민의 권리 또는 이익을 구제.

제3조(행정심판의 대상)
- 행정청의 처분 또는 부작위에 대하여는 다른 법률에 특별한 규정이 있는 경우 외에는 이 법에 따라 행정심판을 청구할 수 있음.

제5조(행정심판의 종류)
- 취소심판 : 행정청의 위법. 부당한 처분을 취소하거나 변경하는 행정심판.
- 무효등확인심판 : 행정청의 처분의 효력 유무. 존재 여부를 확인하는 행정심판.
- 의무이행심판 : 당사자의 신청에 대한 행정청의 위법 또는 부당한 거부처분이나 부작위에 대하여 일정한 처분을 하도록 하는 행정심판.

제13조(청구인 자격)
- 취소심판은 처분의 취소·변경을 구할 법률상 이익이 있는 자가 청구. 처분의 효과가 기간의 경과, 처분의 집행, 그 밖의 사유로 소멸된 뒤에도 그 처분의 취소로 회복되는 법률상 이익이 있는 자의 경우에도 또한 같음.
- 무효등확인심판은 처분의 효력 유무 존재 여부의 확인을 구할 법률상 이익이 있는 자가 청구할 수 있음.
- 의무이행심판은 처분을 신청한 자로서 행정청의 거부처분 또는 부작위에 대하여 일정한 처분을 구할 법률상 이익이 있는 자가 청구할 수 있음.
※ 신청권이 있어야 가능, 신청권은 제4장 행정법의 일반원칙 중 신뢰보호의 원칙 및 신청권 설명 참조

제18조(대리인 자격)
- 청구인의 배우자, 청구인 또는 배우자의 사촌 이내의 혈족.

- 청구인이 법인이거나 사단 또는 재단인 경우 그 소속 임직원.
- 변호사.
- 다른 법률에 따라 심판청구를 대리할 수 있는 자.
- 그 밖에 위원회의 허가를 받은 자.

제23조(심판청구서 제출)
- 행정심판을 청구하려는 자는 심판청구서를 작성하여 피청구인이나 위원회에 제출하여야 함. 이 경우 피청구인의 수만큼 심판청구서 부본을 함께 제출하여야 함.
- ※ 제출처 : 기초자치단체의 행정처분 건은 광역자치단체의 위원회에, 광역자치단체의 행정처분은 중앙행정심판위원회에 제출.

제25조(피청구인의 직권취소 등)
- 심판청구서를 받은 피청구인은 그 심판청구가 이유 있다고 인정하면 심판청구의 취지에 따라 직권으로 처분을 취소·변경하거나 확인을 하거나 신청에 따른 직권취소 등의 처분을 할 수 있음. 이 경우 서면으로 청구인에게 알려야 함.

제27조(심판청구 기간)
- 취소심판청구는 처분이 있음을 알게 된 날부터 90일 이내에 청구하여야 함.
- 무효등확인심판청구와 의무이행심판청구에는 90일 이내 기간을 적용하지 아니함.

제40조(심리의 방식)

- 행정심판의 심리는 구술심리나 서면심리로 한다. 다만, 당사자가 구술심리를 신청한 경우에는 서면심리만으로 결정할 수 있다고 인정되는 경우 외에는 구술심리를 하여야 함.

※ 대부분 서면심리로 진행하려 한다. 그러므로 내용이 긴 경우는 구술심리를 적극적으로 요구해 참석하여 적극적으로 진술하여야 함. 행정심판이 행정청에 더 기우는 경향 있음.

제45조(재결 기간)

- 재결은 제23조에 따라 피청구인 또는 위원회가 심판청구서를 받은 날부터 60일 이내에 하여야 함. 다만, 부득이한 사정이 있는 경우에는 위원장이 직권으로 30일을 연장할 수 있음.

제47조(재결의 범위)

- 위원회는 심판청구의 대상이 되는 처분 또는 부작위 외의 사항에 대하여는 재결하지 못함.
- 위원회는 심판청구의 대상이 되는 처분보다 청구인에게 불리한 재결을 하지 못함.

제51조(행정심판 재청구의 금지)

- 심판청구에 대한 재결이 있으면 그 재결 및 같은 처분 또는 부작위에 대하여 다시 행정심판을 청구할 수 없음.

제55조(증거서류 등의 반환)

- 위원회는 재결한 후 증거서류 등의 반환 신청을 받으면 신청인이 제출한 문서·장부·물건이나 그 밖의 증거자료의 원본(原本)을 지체 없이 제출자에게 반환하여야 함.

제58조(행정심판의 고지)

- 행정청은 행정처분을 할 때에는 처분의 상대방에게 다음의 사항을 알려야 함.
  - 해당 처분에 대하여 행정심판 청구 가능 여부.
  - 행정심판을 청구하는 경우의 심판청구 절차 및 심판청구 기간.
- 행정청은 이해관계인이 요구하면 다음의 사항을 지체 없이 알려 주어야 함. 이 경우 서면 요구 시 서면으로 알려 주어야 함.
  - 해당 처분이 행정심판의 대상이 되는 처분 여부.
  - 행정심판의 대상이 되는 경우 소관 위원회 및 심판청구 기간.

5) 「행정소송법」 요약 발췌

제1조(목적)

- 행정청의 위법한 처분 그 밖에 공권력의 행사·불행사 등으로 인한 국민의 권리 또는 이익의 침해를 구제하고, 공법상의 권리관계 또는 법 적용에 관한 다툼을 적정하게 해결함을 목적으로 한다.

제3조(행정소송의 종류)

- <u>항고소송</u>★ : 행정청의 처분 등이나 부작위에 대하여 제기하는 소송.

- **당사자소송** : 행정청의 처분 등을 원인으로 하는 법률관계에 관한 소송과 그 밖에 공법상의 법률관계에 관한 소송으로써 그 법률관계의 한쪽 당사자를 피고로 하는 소송.
- **민중소송** : 국가 또는 공공단체의 기관이 법률에 위반되는 행위를 한 때에 직접 자기의 법률상 이익과 관계없이 그 시정을 구하기 위하여 제기하는 소송.
- **기관소송** : 국가 또는 공공단체의 기관 상호 간에 있어서의 권한의 존부 또는 그 행사에 관한 다툼이 있을 때 이에 대하여 제기하는 소송.

제4조(항고소송★★)

- **취소소송** : 행정청의 위법한 처분 등을 취소 또는 변경하는 소송.
- **무효 등 확인소송** : 행정청의 처분 등의 효력 유무 또는 존재 여부를 확인하는 소송.
- **부작위위법확인소송** : 행정청의 부작위가 위법하다는 것을 확인하는 소송.

제9조(재판관할)

취소소송의 제1심 관할법원은 <u>피고의 소재지</u>를 관할하는 행정법원으로 함.

제12조(원고적격)

취소소송은 처분 등의 취소를 구할 법률상 이익이 있는 자가 제기할 수 있음. 처분 등의 효과가 기간의 경과, 처분 등의 집행 그 밖의 사유로 인하여 소멸된 뒤에도 그 처분 등의 취소로 인하여 회복되는 법률상 이익이 있는 자의 경우에는 또한 같음.

제13조(피고적격)

취소소송은 다른 법률에 특별한 규정이 없는 한 그 처분 등을 행한 행정청을 피고로 함.

제18조(행정심판과의 관계)

- **취소소송**은 법령의 규정에 의하여 당해 처분에 대한 행정심판을 제기할 수 있는 경우에도 이를 거치지 아니하고 제기할 수 있다. 다만, 다른 법률에 당해 처분에 대한 행정심판의 재결을 거치지 아니하면 취소소송을 제기할 수 없다는 규정이 있는 때에는 그러하지 아니함.
- 앞의 단서의 경우에도 다음의 4가지 중 한 가지에 해당하는 사유가 있는 때에는 행정심판의 재결을 거치지 아니하고 취소소송을 제기할 수 있음.
  - 행정심판청구가 있는 날로부터 60일이 지나도 재결이 없는 때.
  - 처분의 집행 또는 절차의 속행으로 생길 중대한 손해를 예방하여야 할 긴급한 필요가 있는 때.
  - 법령의 규정에 의한 행정심판기관이 의결 또는 재결을 하지 못할 사유가 있는 때.
  - 그 밖의 정당한 사유가 있는 때.

제19조(취소소송의 대상)

취소소송은 처분 등을 대상으로 함. 다만, 재결취소소송의 경우에는 재결 자체에 고유한 위법이 있음을 이유로 하는 경우에 한함.

제20조(제소 기간)

취소소송은 처분 등이 있음을 안 날부터 90일 이내에 제기하여야 함.

제27조(재량처분의 취소)

행정청의 재량에 속하는 처분이라도 재량권의 한계를 넘거나 그 남용이 있는 때에는 법원은 이를 취소할 수 있음.

제28조(사정 판결)

- 원고의 청구가 이유 있다고 인정하는 경우에도 처분 등을 취소하는 것이 현저히 공공복리에 적합하지 않는다고 인정하는 때에는 법원은 원고의 청구를 기각할 수 있음. 이 경우 법원은 그 판결의 주문에서 그 처분 등이 위법함을 명시하여야 함.
- 법원이 전항의 규정에 의한 판결을 함에 있어서는 미리 원고가 그로 인하여 입게 될 손해의 정도와 배상 방법 그 밖의 사정을 조사하여야 함.
- 원고는 피고인 행정청이 속하는 국가 또는 공공단체를 상대로 손해배상, 제해시설의 설치 그 밖에 적당한 구제방법의 청구를 당해 취소소송 등이 계속된 법원에 병합하여 제기할 수 있음.

제35조(무효 등 확인소송의 원고적격)

무효 등 확인소송은 처분 등의 효력 유무 또는 존재 여부의 확인을 구할 법률상 이익이 있는 자가 제기할 수 있음.

제36조(부작위위법확인소송의 원고적격)

부작위위법확인소송은 처분의 신청을 한 자로서 부작위의 위법의 확인을 구할 법률상 이익이 있는 자만이 제기할 수 있음.

6) 「질서위반행위규제법」 요약 발췌

과태료 관련 이의신청(20조)을 돕기 위해 **질서위반행위규제법**을 적는다.

제1조(목적)
이 법은 법률상 의무의 효율적인 이행을 확보하고 **국민의 권리와 이익을 보호**하기 위하여 질서위반행위의 성립 요건과 과태료의 부과·징수 및 재판 등에 관한 사항을 규정하는 것을 목적으로 함.

제3조(법 적용의 시간적 범위)
- 질서위반행위의 성립과 과태료 처분은 행위 시 법률 적용.
- 질서위반행위 후 법률이 변경되어 그 행위가 질서위반행위에 해당하지 아니하게 되거나 과태료가 변경되기 전의 법률보다 가볍게 된 때에는 법률에 특별한 규정이 없는 한 변경된 법률을 적용.
- 행정청의 과태료 처분이나 법원의 과태료 재판이 확정된 후 법률이 변경되어 그 행위가 질서위반행위에 해당하지 아니하게 된 때에는 변경된 법률에 특별한 규정이 없는 한 과태료의 징수 또는 집행을 면제.

제5조(다른 법률과의 관계)
과태료의 부과·징수, 재판 및 집행 등의 절차에 관한 다른 법률의 규정 중 이 법의 규정에 저촉되는 것은 이 법으로 정하는 바에 따름.

제6조(질서위반행위 법정주의)
법률에 따르지 아니하고는 어떤 행위도 질서위반행위로 과태료를 부과하지 아니함(법률유보의 원칙, 법률명확성의 원칙).

제7조(고의 또는 과실)
고의 또는 과실이 없는 질서위반행위는 과태료를 부과하지 아니함(형법제13조).

제8조(위법성의 착오)
자신의 행위가 위법하지 아니한 것으로 오인하고 행한 질서위반행위는 그 오인에 정당한 이유가 있는 때에 한하여 과태료를 부과하지 아니함(위법성 조각사유).

제9조(책임연령)
14세가 되지 아니한 자의 질서위반행위는 과태료를 부과하지 아니함(형법 제9조).

제10조(심신장애)
심신(心神)장애로 인하여 행위의 옳고 그름을 판단할 능력이 없거나 그 판단에 따른 행위를 할 능력이 없는 자의 질서위반행위는 과태료를 부과하지 아니함(형법제10조).

제14조(과태료의 산정 시 고려)
행정청 및 법원은 과태료를 정함에 있어서 다음 사항을 고려하여야 함.
- 질서위반행위의 동기·목적·방법·결과.
- 질서위반행위 이후 당사자의 태도와 정황.

- 질서위반행위자의 연령·재산상태·환경.
- 그 밖에 과태료의 산정에 필요하다고 인정되는 사유.

제15조(과태료의 시효)

과태료는 행정청의 과태료 부과처분이나 법원의 과태료 재판이 확정된 후 5년간 징수하지 아니하거나 집행하지 아니하면 시효로 인하여 소멸.

제16조(사전통지 및 의견 제출 등)

행정청이 질서위반행위에 대하여 과태료를 부과하고자 하는 때에는 미리 당사자에게 통지하고, 10일 이상의 기간을 정하여 의견을 제출할 기회를 주어야 함.

제19조(과태료 부과의 제척기간)

행정청은 질서위반행위가 종료된 날부터 5년이 경과한 경우에는 해당 질서위반행위에 대하여 과태료를 부과할 수 없음.

제20조(이의제기★)

- 행정청의 과태료 부과에 불복하는 당사자는 과태료 부과 통지를 받은 날부터 60일 이내에 해당 행정청에 서면으로 이의제기를 할 수 있음.
- 전항에 따른 이의제기가 있는 경우에는 행정청의 과태료 부과처분은 그 효력을 상실.

제24조의4(결손처분)

행정청은 당사자에게 다음 사항 중 하나에 해당하는 사유가 있을 경우에는 결손처분을 할 수 있음.

- 과태료의 소멸시효가 완성된 경우.

- 체납자의 행방이 분명하지 아니하거나 재산이 없는 등 징수할 수 없다
고 인정되는 경우.

- 행정청은 결손처분을 한 후 압류할 수 있는 다른 재산을 발견하였을 때에
는 지체 없이 그 처분을 취소하고 체납처분을 하여야 함.

제 4 장

법 위에 군림하는
법률의 원칙들

나의 생각이지만, 법률 관련 원칙들은 법률의 한계를 정하는 틀로 법과 행정행위 등은 이 원칙들을 벗어날 경우 불법이 되고 위헌이 되는 것이므로 법률행위를 통제하고 법 위에 군림한다고 볼 수 있다.

　공무원들의 행정행위를 볼 때 대부분 단위 법령의 규정만 보고 자기가 주관적으로 판단하여 처리하므로 법률 관련 원칙들은 등한시해 버린다.

　그러다 보니 재량행위가 있는 법은 비례의 원칙을 따져 시행하여야 함에도 단순하게 담당자의 생각만으로 감정만으로 집행하여 문제가 야기되는 수가 종종 있다. 이해가 안 되는 것은 직원들의 이러한 검토 결과를 경험이 많은 결재자인 계장, 과장, 국장들이 걸러 주어야 하는데 그러지 않고 있다는 것이다. 앞에서도 말했듯이 관리자들이 그냥 담당자의 검토 결과의 설명만 듣고 판단하여 결재해 버리니까 공직사회의 발전성이 없다고 할 수 있겠다.

그러므로 이 글을 읽으신 공무원이나 국민은 이후 행정행위가 있을 경우, 서로의 불이익을 줄이기 위해 원칙들을 적용하여 검토해 보기 바란다.

특히 행정처분을 받는 국민은 필히 처분서를 법률원칙을 적용하여 검토하여 자기의 권리를 펴 주길 바란다. 처벌의 효력을 없앨 수도 있음을 염두에 두고…….

정말 이런 원칙들을 숙지하면 민원신청이나 행정처분 시 하나하나 따지는 것이 재미가 있다.

1.
행정법의 일반원칙★★★★

1) 비례의 원칙★★★★★
2) 신뢰보호의 원칙★★★
3) 행정의 자기구속의 원칙
4) 부당결부 금지의 원칙
5) 평등의 원칙

그럼 먼저 행정법의 일반원칙부터 소개한다.

행정법의 일반원칙은 일반적으로 비례의 원칙, 신뢰보호의 원칙, 행정자기구속의 원칙, 부당결부금지의 원칙, 평등의 원칙의 원칙 5가지를 들 수 있다.

행정법의 일반원칙이라 해서 별도로 행정법이 있고 행정법에 5가지의 원칙 들어 있는 것이 아니다. 행정법이라는 명칭의 법은 없다 여기서 말하는 행정법은 행정행위를 하는 데 있어 사용되는 일반적인 법을 포괄적으로 말하는 것이다. 그리고 이 5가지의 원칙은 법령으로 명시된 것이 아닌 불문법원으로 학설을 근본으로 하고 판례로 정립된 것이다. 따라서 이 원칙들의 해석은 법이 상황에 따라 바뀌듯이 이것도 시대, 장소 등 상황에 따라서 달라질 수 있다. 그러나 **이 원칙들이 법률행위를 통제하고 있음은 주지의 사실**이다.

1) 비례의 원칙(과잉금지의 원칙 : 헌법제37조제2항)★★★★★

(1) 비례의 원칙 뜻

행정행위의 목적과 수단 사이에는 합리적인 비례관계가 성립되어야 한다는 뜻으로 그 수단은 목적을 실현하는 데 있어서 적합하고 최소한 침해가 되어야 하고 공익이 있어야 한다는 것이다.

헌법 차원의 원칙으로 위반 시 <u>위헌·위법</u>한 행정행위가 되는 것이다.

① 적합성의 원칙 : 행정행위는 목적을 달성하기 위한 수단(방법)이 적합·적절하여야 한다.

② 필요성의 원칙(최소 침해의 원칙) : 적합한 여러 가지 수단(방법) 중 가장 침해가 적은 수단을 선택하여야 한다.

③ 상당성의 원칙(법익의 균형 원칙) : 행정행위 수단(방법)이 적합하고 개인에게 최소한의 침해를 주는 처분일지라도 상당한 균형성이 있어야 한다. 예로, 달성하려는 공익과 개인이 입게 될 불이익(침익)을 비교하여 공익이 클 때만 처분하여야 한다는 원칙. 조치로 인해 공익보다 개인의 침해되는 이익이 클 경우 처분하면 안 된다(공익 〉개인 불이익).

'적필상'으로 암기한다. 성은 '적'이요 이름은 '필상'이다. 아니면 '적최균'으로 암기하자.

검토 시 ①, ②, ③, 단계적으로 검토해 나갈 것.

처벌을 위한 단위법 검토 시 필히 비례의 원칙을 적용하여 검토할 것.

★ 검토방법(순서대로 검토)

① 목적의 정당성

행정조치나 법률의 목적이 헌법과 법률에 합치하고 정당한가?

② 수단(방법)의 적합·적절성

국민의 기본권을 제한하는 수단과 방법은 헌법과 법률에 적합한가? 또한 적절한가?

③ 침해의 최소성

국민에게 가장 적게 침해하는 수단(방법)을 선택하였는가?

④ 법익의 균형성(계산하라)

행정처분을 함으로써 보호하려는 공익과 침해되는 개인의 불이익을 비교하여 균형이 맞는가?(공익이 적다면 처분금지)

→ ① 행정조치나 법률의 목적이 헌법과 법률에 합치되어 정당한 것인가?

예) 하려는 허가는 법에 근거하는가?

하려는 처벌은 법에 근거하는가?

신고한 집회는 법에 근거하는가? (법에 불부합되면 금지)

→ ② 행정행위가 정당하다면 그 목적에 맞는 적합한 수단(방법)을 선택.

→ ③ 그 목적에 맞는 적합한 수단(방법) 중에서 당사자에게 침해가 가장 적은 필요한 수단(방법)을 고르고,

→ ④ 가장 피해가 적은 수단(방법)이 상당성 있는 수단(공익과 개인의 불이익의 균형을 이루는 것)인가?를 검토하여,

→ ⑤ **공익이 (공익〉개인의 침해되는 이익) 있다면 그 수단을 시행.**
공익이 없는데도 불구하고 시행한다거나, 또는 공익이 없는 법률은 위헌임.

※ 한 가지라도 충족이 안 되면 위법·위헌이 되는 것.

(2) 판례

① 개수 명령으로 목적 달성이 가능한 위험건물에 대하여, 철거 명령을 발하는 것은 비례원칙 중 필요성의 원칙에 반한다.

② 성년에 가깝고 성년자로 오인할 수 있는 미성년자를 유흥업소에 한 번 입장 허가한 것에 대하여 가장 큰 벌칙인 영업취소 처분을 한 것은 비례의 원칙에 반한다.

③ 자기도 모르고 있던 청소년 유해매체물 결정·고시 8일 후 고시 내용에 포함된 책을 청소년에게 대여한 도서대여업자에게 700만 원의 과징금을 부과한 처분은 비례의 원칙에 반한다.

④ 음주운전이 아닌 다른 혐의로 경찰서에 갔다가 생각지도 못했

던 음주 측정 요구를 경찰로부터 받게 된 사람에게 운전면허 취소처분을 한 것은 비례원칙에 반한다.

2) 신뢰보호의 원칙★★★

(1) 신뢰보호 원칙의 뜻

행정청이 국민에 대하여 행한 말과 행동(견해표명=선행행위)을 국민이 신뢰하였다면 그 국민의 신뢰를 보호하여야 한다는 원칙.

(2) 법적 근거

행정절차법(제4조), 국세기본법(제18조제3항) 등에서 명문으로 인정되며 판례상으로도 인정.

- **행정절차법제4조(신의성실 및 신뢰보호)** ② 행정청은 법령 등의 해석 또는 행정청의 관행이 **일반적으로 국민들에게 받아들여졌을 때는** 공익 또는 제3자의 정당한 이익을 현저히 해칠 우려가 있는 경우를 제외하고는 새로운 해석 또는 관행에 따라 소급하여 불리하게 처리하여서는 아니 된다.

(3) 신뢰보호의 성립 요건(판례★★★★)

첫째, 행정청이 개인에 대하여 신뢰의 대상이 되는 공적인 견해표명(선행조치)을 하여야 하고,

둘째, 행정청의 견해표명(선행조치)이 정당하다고 신뢰한 것에 대

하여 그 개인에게 귀책사유가 없어야 하며,

셋째, 그 개인이 그 견해표명(선행조치)을 신뢰하고 이에 기초하여 어떠한 행위를 하였어야 하고,

넷째, 행정청이 위 견해표명(선행조치)에 반하는 처분을 함으로써 그 견해표명(선행조치)을 신뢰한 개인의 이익이 침해되는 결과가 초래되어야 하며,

다섯째, 위 견해표명(선행조치)에 따른 행정처분할 경우 이로 인하여 공익 또는 제3자의 정당한 이익을 현저히 해할 우려가 있는 경우가 아니어야 할 것(대법원2001. 9. 28. 선고2000두8684 판결).

위의 판례가 이해가 안 되어 여러 번 읽고 판례를 보고 하였다. 이해가 쉽도록 아래 보충 설명하였다.

(4) 보충 설명
㉮ **선행조치**

선행조치는 판례에서 공적인 견해표명이라 하고 있다. 선행조치는 어떤 특별한 형식을 갖추고 있지 않아도 된다. 국가의 모든 명시적 의사표시(법규, 사실행위, 행정계획, 행정지도, 처분, 확약 등)와 소극적, 묵시적 의사표시가 선행조치가 될 수 있다.

묵시적 의사표시의 예로, 수출을 높여야 한다는 목적으로 비과세를 오랫동안 지속시킨 상태를 말할 수 있다.

㉯ 보호가치 있는 신뢰

개인의 신뢰는 보호가치가 있어야 한다. 보호가치 있는 신뢰는 상대방 개인에 대하여 귀책사유가 없는 신뢰를 말하는 것이다.

"행정청의 견해표명(선행조치)이 정당하다고 신뢰한 데 대하여 **그 개인에게 귀책사유가 없어야★** 한다."라는 뜻은 신뢰자인 개인이 행정기관의 선행조치를 신뢰하는 데 잘못이 없어야 한다는 뜻으로, 신뢰자인 개인이 행정기관의 선행조치가 이루어지는 데 사기나 허위, 사실은폐, 뇌물 등 부정행위와 악의, 과실 등이 없어야 한다는 것을 의미한다.

사례로서,

- 건축주와 건축주로부터 건축설계를 위임받은 건축사가 상세계획지침에 의한 건축한계선의 제한이 있다는 사실을 간과한 채 건축설계를 하고 이를 토대로 행정청으로부터 건축물의 신축 및 증축허가를 받고,
- 건축허가 내용대로 상당한 정도로 공사가 진행된 상태에서 건축법이나 도시계획법에 위반되는 하자가 발견되어 행정청에서 건축한계선을 넘은 건축물의 일부를 철거토록 명한 경우,
- 건축주는 건축허가를 행정청의 선행조치로 보고 선행조치를 신뢰하였으므로 신뢰를 보호하여야 한다고 주장하나,
- 법원 판례는 건축주의 건축한계선을 간과하여 설계한 **귀책사유**

<u>가 있으므로</u> 그 <u>신뢰를 보호할 수 없다는 판례</u>.

- 단, 법에 위반되는 하자(귀책사유)가 있다는 이유로 ★그 일부분 의 철거를 명할 수 있기 위하여는 그 건축허가를 기초하여 형성 된 사실관계 및 법률관계를 고려하여 **건축주가 입게 될 불이익** 과 건축행정이나 도시계획 **행정상의 공익**, 제3자의 이익, 건축법 이나 도시계획법 위반의 정도를 **비교·교량하여** 건축주의 이익 을 희생시켜도 부득이하다고 인정되는 경우라야 한다(상당성의 원칙).

(대법원2002. 11. 8. 선고2001두1512 판결을 풀어 적음)

㉰ 상대방의 처리행위

신뢰에 따른 개인의 행위가 있어야 한다. **즉**, '신뢰에 따른 개인의 행위라 함'은 행정청의 선행조치를 신뢰하고 이와 관련하여 필요한 것을 행정청에 요구하였다든지. 또는 행정청의 허가에 의하여 행정청의 허가를 신뢰하고 허가 사항을 실행하였다든지 등의 행위를 말하는 것이다.

㉱ 상당한 인과관계 있는 손해

행정청의 선행조치와 개인의 처리행위 그리고 발생된 손해에는 서로 상당한 인과관계가 있어야 한다.

⑭ **선행행위에 반하는 후행처분**

행정청의 견해표명으로서의 선행조치에 반하는 행정청의 후행처분이 있어야 하며 이 후행처분이 개인의 법익을 침해하여야 한다.

효과로서, 신뢰보호의 원칙을 어긴 행위는 무효 또는 취소가 된다. 이로 인해 발생된 손해에 대하여 손해배상청구가 가능하다.

이것이 성립되면 국가 또는 자치단체에 무엇을 해 달라고 할 수 있는 **신청권**이 된다.

📖 잠시 쉬었다 가기

○ 신청권

과거에 행정청에서 수해복구를 하여 현황도로와 하천부지를 구분·정비해 준 길이 그 후 장마철에 다시 유실되어 헌법제26조제1항 "모든 국민은 법률이 정하는 바에 의하여 국가기관에 문서로 청원할 권리를 가진다."라는 규정에 따라 수해복구를 청원하였으나 안 해주어 행정심판청구를 했다.

행정심판은 법령에 신청권이 없다 하여 각하해 버렸다.

복잡한 사회에서 많은 국민이 국가에 요구할 불편부당한 일이 많을 것으로 판단되는바, **신청권**은 공무원들보다 국민이 알아야 할 사항인 것 같다. 모르고 대들면 시간과 돈만 낭비할 수 있다. 법규에 신청할 수 있는 권한이 명시되어 있다면 몰라도 그렇지 않은 경우 조리를 갖고 따져야 하므로 변호사와 상의하여 대응하는 것이 좋을 것 같다.

○ 신뢰의 원칙

신뢰의 원칙을 신뢰보호의 원칙과 유사한 것으로 판단하였으나
그렇지 않아 별도로 작성하여 보았다.

신뢰보호의 원칙은 행정법과 관련하여 국가기관 선행행위를 신뢰
하는 것이고, 신뢰의 원칙은 형법상 관련으로 신뢰의 대상은 특정하
지 않고 있다.

참고사항

신뢰의 원칙

- 타인의 책무 수행에 대한 신뢰하에 자기의 할 일을 다 한 경우에는 주의 의무를 이행하였다고 보는 것.
- 이것은 행정법의 **신뢰보호의 원칙과 다른 형법 관련 원칙**.

판례

고속도로에서 차선을 따라 주행하는 운전자는 맞은편에서 오는 차량의 운전자가 중앙선을 침범하지 않으리라고 믿고 운행하는 것이므로, 상대방이 이러한 신뢰를 해치는 중앙선 침범행위를 함으로써 부득이 충돌한 경우에 그 사고에 대해 형사 책임을 지지 않는다(1984.4.11.대법원 판결).

사례

㉠ 자동차 전용도로인 고속도로 위에서의 보행자의 갑작스러운 출현에 따른 충돌 사고.

㉡ 서울의 잠수교 위에서의 자전차와 충돌 사고.

㉢ 교차로에서 큰길을 따라 주행하던 운전자가 좁은 길에서 빠른 속도로 교차로에 진입하던 운전자와 충돌한 사고에 대해서 운전자에게 예상 의무, 주의 의무가 없다고 하여 모두 과실 책임을 부정하고 있는 판례.

※ 이런 경우 오히려 무단 보행자, 무단 자전차, 갑자기 진입한 운전자가 사고 차량의 손괴 또는 운전자의 부상에 책임을 지게 될 수도 있다.

예

상기 사례와 같이 육교나 지하도가 설치된 지점에서 모든 운전자는 보행자들이 육교나 지하도로 통행하리라고 믿는데, 이때 피해자가 예상 밖으로 차도를 횡단하여 불가피하게 충돌 사고를 낸 경우에는 형사 책임이 없다. 그러나 요즘은 블랙박스가 많아 자기의 주의 의무를 소홀히 할 경우 달리 판결되는 경우도 있음을 염두에 두었으면 좋겠다.

출처 : [네이버 지식백과] 신뢰의 원칙 – 정말 예상하지 못했소
(재미있는 법률여행 3 – 형법, 2014.11.14, 한기찬)

3) 행정의 자기구속의 원칙

(1) 뜻

행정청의 재량행위에 있어서 그 재량행위에 관한 일정한 관행이 형성되어 있는 경우, 행정청은 동종의 같은 사안에 대해 이전에 제3자에게 한 것과 같은 동일한 처분을 상대방에게도 하도록 스스로 구속당하는 원칙(신뢰보호의 원칙, 평등의 원칙).

단, 기존의 선례와 달리 결정을 하여야 하는 명백한 이유가 있고 위법부당한 선례를 바로 잡을 필요가 있는 경우에는 자기구속의 원칙을 따르지 않아도 된다는 것이 일반적 판례이다.

(2) 효과

위반되었을 경우, 행정쟁송이나 손해배상청구가 가능하다.

(3) 판례

행정청에서 공표한 업무처리지침, 행정규칙 등 내부지침은 재량준칙으로써 행정조직 내부에서만 효력을 가지는 것이지만 이에 정해진 바에 따라 되풀이 시행되어 행정관행이 이루어지게 되면, 평등의 원칙이나 신뢰보호의 원칙에 따라 행정기관은 그 상대방에 대한 관계에서 그 규칙에 따라야 할 자기구속을 당하게 되어 대외적인 구속력을 갖게 되고, 특별한 사정이 없는 한 이에 위반한 처분은 재량권을 일탈·남용한 위법한 처분이 된다(대법원 2009. 12. 24. 2009두7967 판결 참조).

4) 부당결부 금지의 원칙

(1) 뜻

행정기관이 계약, 허가 조건, 인허가 등 행정행위를 할 때 시행하려는 행정행위와 관련이 없는 반대급부를 부과해서는 안 된다는 행정법상의 원칙.

(2) 판례

지방자치단체장이 사업자에게 주택사업계획 승인을 하면서 그 주택사업과는 아무런 관련이 없는 토지를 기부채납하도록 하는 부관을 주택사업 계획승인에 붙인 경우, 그 부관은 부당결부금지의 원칙에 위반되어 위법(대법원1997. 3. 11. 선고, 96다49650 판결 중 일부 발췌).

5) 평등의 원칙★★★

(1) 뜻

행정기관이 행정행위를 함에 있어서 특별한 이유가 없는 한 국민을 공평하게 대우해야 한다는 원칙임. '특별한 이유'가 있어 다르게 취급하는 것은 평등원칙 위반이 아님.

(2) 근거 : 헌법제11조제1항

모든 국민은 법 앞에 평등하다. 누구든지 성별·종교 또는 사회적 신분에 의하여 정치적·경제적·사회적 ·문화적 생활의 모든 영역에 있어서 차별을 받지 아니한다.

(3) 기타 평등원칙

- 주주평등의 원칙 : 사람을 기준으로 한 평등이 아니라 주식을 기준으로 가지고 있는 주식의 수에 따른 가치를 기준으로 평등대우하는 것으로 주식평등의 원칙이라고도 한다.
- 조세평등의 원칙 : 조세 부담이 국민 모두에게 공평하게 부담이 되도록 하여야 한다.

(4) 위반 효과

평등의 원칙은 헌법적 효력을 갖는 것으로 이에 위반한 행정행위 및 법은 위헌이 되는 것이다.

참고사항

- 자기구속의 원칙과 평등의 원칙은 무효인 행정행위나 위법한 경우 적용될 수 없음.
- 신뢰보호의 원칙은 선행조치가 위법하더라도 그것을 신뢰한 경우, 신뢰한 관계자의 이익 또는 공익 등의 가치가 더 클 경우 그 신뢰는 보호되어야 하므로 적용됨.

2.
행정의 법률적합성의 원칙★★★

> 1) 법률의 법규 창조력
> 2) 법률우위의 원칙
> 3) 법률 유보의 원칙★★★★

다음은 행정행위의 나누어진 일정 분야를 통제하는 '행정법 일반 원칙'에 이어 행정행위는 법치행정이어야 한다는 원리에서 행정행위를 규율하는 기본 원칙으로서의 '행정의 법률적합성의 원칙'에 대하여 설명하고자 한다.

○ **행정의 법률 적합성의 원칙의 뜻**
   - 행정행위와 그 과정은 법률에 적합하여야 한다는 뜻(국어사전).
   - 행정은 법률의 범위 내에서 이루어져야 한다는 뜻(위키백과).
   ※ '법률'은 국회가 제정하는 것이라는 것을 염두에 두고 접근하면 이해가 쉽다.

행정의 법률적합성의 원칙을 구성하는 원칙에는 세 가지가 있다.

1) 법률의 법규창조력

(1) 뜻

의회에서 제정한 법률만이 법규로서의 구속력을 가진다(헌법제 40조).

- '법률의 법규창조력'을 풀어 보면 '법규'라는 것을 이해하여야겠다. '법규'의 뜻은 '일반 국민의 권리와 의무에 관계되는 법규범(법규명령)으로서 헌법제40조에 입법은 국회에서만 하도록 하고 있다.

종합할 때 '법률의 법규창조력'은 국회에서 제정한 법률만이 국민의 권리, 의무, 재산 등에 대해 침해를 가하는 행정작용을 할 수 있다는 것이다.

행정부는 국회가 제정한 법률의 위임이 있는 경우 또는 헌법이 인정한 경우에만 법규명령(시행령, 시행규칙 등)을 제정할 수 있다.

2) 법률우위의 원칙

(1) 뜻

국회에서 제정한 법률이 다른 기관에서 제정한 법규(행정명령 등) 보다 우월한 효력을 가진다.

- 행정행위는 의회가 만든 법률을 위반해서는 안 된다는 원칙.

즉, 모든 행정행위는 헌법과 법률을 따라야 한다.

※ 상위법 우선의 원칙과 혼돈하지 말길.

3) 법률유보의 원칙★★★★

(1) 뜻

행정행위은 법률에 근거하여야 한다는 원칙으로 법률상 근거가 있는가?라는 뜻.

- 국민의 권리를 제한하거나 의무를 부여할 때는 법률에 근거하여야 한다는 뜻으로 기본권 보장의 원리, 법치주의의 원리, 민주주의의 원리에서 나오는 원칙이다.

(2) 사례

산지관리법시행령에 "산지 작업로는 폭 3m 이내로 하되 필요 시 그 이상으로 할 수 있다."라고 규정하고 있으나 산림경영계획서 작성지침이나 산림청 보조금 사업지침에는 작업로 폭을 2m 내외로 하도록 하고 있고 자치단체에서는 2m 이내로 개설하도록 하고 있다.

○ 판단

이는 법에서 위임받은 동법 시행령에서 '작업로는 폭을 3m 이내로 하되 필요 시 3m 이상으로 할 수 있도록' 국민에게 권리를 주었다. 이에 정부나 자치단체는 어떤 법에서 위임한 권한도 없이 스스로 국민의 권리를 제한하고 있다.

이것은 법률 유보의 원칙 위반이고, 법률 우위의 원칙 위반이고, 과잉금지의 원칙에 해당하고, 국민의 안전권을 침해하고, 직권남용에 해당될 수 있으므로 위헌 및 위법이 될 수 있어 공무원은 형사 처벌을 받을 수 있고 또한 손해배상청구의 당사자가 될 수 있다.

→ 작업로는 평지가 아닌 경사가 있고 굴곡이 있고 바위가 있는 울퉁불퉁한 산지에 개설하는 길로 아주 위험한 길이다.

그리고 작업로에 운행하는 최소한의 차량인 1톤 트럭의 차폭은 1.74m, 02굴삭기는 폭이 1.9m가 된다. 평지에서의 도로폭 2m는 위험한 도로다. 그럼에도 불구하고 산지에 작업로를 2m 이내로 하라는 것은 사고를 내라는 것이나 다름없다.

사고 발생 시 구난차나 구급차가 접근이 매우 어렵다. 또 불이 날 경우 차량 접근이 매우 어렵다. 이러한 행정으로 인한 피해는 국민의 몫이 된다.

3.
법 적용의 원칙

1) 상위법 우선의 원칙
2) 특별법우선의 원칙
3) 신법 우선의 원칙
4) 법률불소급의 원칙★★★

○ 뜻

법률이 많아 적용하여야 할 내용이 다수의 법률에 중복하여 기록
되어 있는 경우 법 적용 시 충돌 또는 오류가 있어 각 법률의 적용에
순위상 원칙을 정한 것.

1) 상위법 우선의 원칙

○ 뜻 : 하위법은 상위법을 위배할 수 없다.
   - 헌법 〉법률 〉대통령령, 각부처장관의 명령(시행령, 시행규칙
     등) 〉지방조례 등

2) 특별법우선의 원칙

○ 뜻 : 특별법은 특수한 사항이나 특정한 사람에게 적용되는 법으
   로 일반법에 우선하여 적용한다.

- 법의 효력은 지역, 사람, 사항에 미친다. 따라서 일반법과 특별법의 구분은 법의 효력이 미치는 범위가 기준이 된다.

일반법	특별법
전 지역, 모든 국민에게 적용	일정 지역, 일정 국민, 일정 사항에 적용
민법, 형법	소년법(일정 연령의 사람에게 적용)
민법, 형법	조례(일정 지역에 적용)
상법	은행법, 보험법
민법	상법
형법	군법

3) 신법 우선의 원칙

○ 뜻 : 적용할 내용이 구법과 신법에 있는 경우 신법을 우선 적용한다.

- 신법의 적용을 배제할 경우에는 경과규정을 두어 배제할 수 있다.

※ '유리한 조건 우선의 원칙'은 노동법은 여러 법원이 있으므로 이 중 유리한 것을 우선으로 적용한다는 원칙으로 필요시 참조 바람.

4) 법률불소급의 원칙★★★

○ 뜻 : 법률 적용은 행위 당시의 법률을 적용한다.

- 법률을 사후 제정이나 개정된 법률은 이전의 행위에 적용하여

서는 안 된다는 뜻.

헌법제13조

① 모든 국민은 행위 시의 법률에 의하여 범죄를 구성하지 아니하는 행위로 소추되지 아니하며, 동일한 범죄에 대하여 거듭 처벌받지 아니한다.

② 모든 국민은 소급입법에 의하여 참정권의 제한을 받거나 재산권을 박탈당하지 아니한다.

형법제1조(범죄의 성립과 처벌)

① 범죄의 성립과 처벌은 행위 시의 법률에 의한다(법률불소급의 원칙).

② 범죄 후 법률의 변경에 의하여 그 행위가 범죄를 구성하지 아니하거나 형이 구법보다 경한 때에는 신법에 의한다(신법우선의 원칙).

③ 재판 확정 후 법률의 변경에 의하여 그 행위가 범죄를 구성하지 아니하는 때에는 형의 집행을 면제한다(신법우선의 원칙).

※ 법률불소급의 원칙 배제

- 법률불소급의 원칙은 절대적인 것이 아니다. 법의 안정성을 해칠 우려가 없거나 국민에게 유리하게 변경된 경우 불소급원칙은 배제될 수 있다.

예) 민법부칙 제2조, 형법제1조제2항 및 제2항

제 5 장

형사(刑事) 관련 법률의 원칙들

1.
행정기관의 '특별사법경찰' 운명

각 자치단체의 공무원 중 일부는 일반 행정업무 외에 사법경찰권을 부여받아 경찰행정업무를 수행하고 있다. 그러나 이들은 형사업무를 평생 전문적으로 하는 검찰이나 경찰에 비해 특별사법경찰업무를 지속하지 못하고 일반 행정업무의 순환보직으로 단기간 경찰업무를 수행하고 있다. 형사업무 처리에 미숙함이 있을 수밖에 없다. 형사업무는 사람의 권리와 자유를 제한하기 위한 업무로 폭넓은 지식과 고도의 판단력이 필요한 업무라 생각된다. 그러나 경험이 적고 지식이 적은 사람이 타인의 권리와 자유를 제한하는 업무를 수행하는 데 완벽할 수가 없다. 이 완벽하지 않아 발생되는 실수는 국민에게 큰 피해를 줄 수 있기에 경찰행정업무에 도움이 되고 또 국민 역시 특별사법경찰에게 조사를 받을 수 있으므로 도움이 되도록 형사 관련 법률원칙 등을 설명하고자 한다.

이러한 것들을 잘 적용하면 무죄도 될 수 있음을 명심하고 특별사법경찰과 국민이 숙지하여 주었으면 좋겠다.

경험상, 특별사법경찰은 기초자치단체의 경우 7급, 8급 공무원이 광역자치단체의 경우는 6급, 7급으로 구성되어 있다.

문제는 법적 지식이 부족한 것도 문제지만 조직에서 낮은 위치에 있는 사람들이 남을 처벌할 수 있는 권력을 가짐으로써 우쭐한 마음으로 또 관리자에게 능력을 보여 주기 위하여 지나치게 자료를 수집하는 등 과잉의 일을 할 수 있다는 것이다. 죄도 안 되는 것을 악착같이 수집하여 사람을 무척 피곤하게 할 수도 있다. 이러한 것을 관리자가 컨트롤하고 거를 수 있는 능력이 있어야 하는데 그렇지 않을 수 있다는 것도 문제다.

먼저 행정기관에서 운영하는 특별사법경찰 제도에 대하여 간략히 설명하면 다음과 같다.

특별사법경찰관리?
ㅇ법적 근거 : 형사소송법제245조의10(특별사법경찰관리)의 위임을 받아 제정된 '사법경찰관리의 직무를 수행할 자와 그 직무 범위에 관한 법률'에 의거 자치단체 등 행정기관에서 행정공무원에게 권한을 부여하여 검사의 지휘하에 운영.

○ 분야 : 일반행정 분야에 속한 산림, 식품 및 의약품, 교통, 공원, 수산업, 광산, 공중위생, 의료, 환경 등 일반행정 분야 전반에 걸쳐 운영.

📖 잠시 쉬었다 가기 - [형사사건 담당자들 선서문]

   형사사건을 다루는 사람들은 행정공무원으로서 특별사법경찰, 경찰, 검사가 있고, 사법부에 판사가 있다. 이들은 직을 부여받으면서 선서를 한다. 그 **선서는 국민들과의 약속으로 그들의 의무이다.** 매일 많은 사람들이 이들의 앞에서 조서를 받고 재판을 받는다. 지금까지 이들이 자신의 입으로 약속한 것을 지키지 않고 국민의 권리와 자유를 억압하거나 지켜 주지 않는 사례들을 많이 봐 왔다. 앞으로 사건 관련 조서를 받는 경우가 생기든지 재판을 받는 경우가 있으면 숙지해 놨다가 선서대로 해 줄 것을 요구하여 정당한 권리와 이익을 챙기길 바란다.

〈검사 선서〉
나는 이 순간 국가와 국민의 부름을 받고
영광스러운 대한민국 검사의 직에 나섭니다.
공익의 대표자로서 정의와 인권을 바로 세우고
범죄로부터 내 이웃과 공동체를 지키라는

막중한 사명을 부여받은 것입니다.

나는

불의의 어둠을 걷어내는 용기 있는 검사

힘없고 소외된 사람들을 돌보는 따뜻한 검사

오로지 진실만을 따라가는 공평한 검사

스스로에게 더 엄격한 바른 검사로서

처음부터 끝까지 혼신의 힘을 다해

국민을 섬기고 국가에 봉사할 것을

나의 명예를 걸고 굳게 다짐합니다.

〈경찰 선서〉

① 본인은 법령을 준수하고 상사의 직무상 명령에 복종한다.

② 본인은 국민의 편에 서서 정직과 성실로 직무에 전념한다.

③ 본인은 창의적인 노력과 능동적인 자세로 소임을 완수한다.

④ 본인은 재직 중은 물론 퇴직 후에라도 업무상 알게 된 기밀을 절대로 누설
   하지 아니한다.

⑤ 본인은 정의의 실천자로서 부정의 발본에 앞장선다.

〈판사 선서〉

본인은 법관으로서, 헌법과 법률에 의하여

양심에 따라 공정하게 심판하고,

법관윤리강령을 준수하며,

국민에게 봉사하는 마음가짐으로 직무를 성실히

수행할 것을 엄숙히 선서합니다.

2.
범죄의 요건 및 처벌 조건★★

1) 당신은 무죄가 될 수 있다

우리는 살아가면서 아주 많은 상황에 부딪치며 살고 있다. 사회 속에서 살아가면서 필요에 의한 행위 든 우연에 의한 행위 든 의도치 않게 형사관계의 문제를 야기시킬 수 있다. 일반 사람은 형사사건이 발생하면 모두가 범죄인 줄 알고 불안해할 수 있다. 잘못된 행위라고 판단될지라도 그 행위는 범죄라는 형식을 갖추지 않으면 범죄가 아닐 수 있다.

아래 사항들을 참고하여 특별사법경찰이 조사할 때나 국민이 범죄 혐의를 받을 때 참고하여 억울한 범법자를 만들지 않고 또 적절히 대응하여 억울한 범법자가 되지 않았으면 좋겠다.

(1) 법률 위법(불법) 시 효과

구분	발생 효과
형법 위반 시	형벌
민법 위반 시	손해배상청구권, 계약해제권 등
행정법 위반 시	행정행위의 무효 또는 취소의 원인, 행정소송의 대상이 됨.
헌법 위반 시	탄핵 사유, 불신임결의의 사유가 됨.

(2) 불법 성립 2요건 : 구성 요건 해당성, 위법성

- 불법 성립은 구성 요건 해당성과 위법성만 있으면 되고 불법한
  행위에 책임성(제재의 필요성)이 있으면 범죄로 규정한다. 즉,
  불법은 법에 어긋남을 의미하고 범죄는 불법행위로 죄를 진 것
  을 의미한다.

(3) 범죄 성립 3요건 : 구성 요건 해당성, 위법성, 책임성

① **구성 요건 해당성** : 행위가 형벌법규에 정해 놓은 각종 죄목에
  해당되어야 한다(살인죄, 절도죄 등).

② **위법성** : 범죄는 위법한 행위여야 한다. 법에서 허용되는 범죄
  로 위법성조각사유(정당방위의 살인, 사형집행인 등)에 해당되
  지 않아야 한다.

③ **책임성** : 행위자에 대하여 비난 가능성이 있어야 한다. 위법한
  행위라도 비난 가능한 것(책임성)이 아니고 기대가 불가능한

것이라면 범죄가 되지 않는다. 즉, 정신이상자나 14세 미만 아동 등의 책임무능력자, 강요에 의한 행위를 한 자, 법률의 착오에 의해 행위한 자 등이 아니어야 한다.

위 세 가지 요건을 모두 충족했을 경우에만 범죄가 성립이 되어 처벌이 가능하고 하나라도 빠지면 무죄가 되는 것이다.

※ 위법성조각사유, 책임성 조각사유 참조.

(4) 범죄를 처벌하기 위한 8단계

사람의 행위 → 구성 요건에 해당 → 위법성 → 책임성 → 처벌 조건 → 소추 조건 → 기소 → 유죄판결

① **고의가 있는 사람의 행위가 있어야 한다(형법제13조).**

돌을 던졌는데 어떤 사람이 갑자기 뛰어가다 그 돌에 맞아 다쳤다면 그 다치게 한 행위는 고의가 있는 행위가 아님.

② **이 행위가 형벌법규에 정해 놓은 죄목(형법의 법조항)에 해당하여야 한다.**

③ **위법성이 있어야 한다(위법성이 조각되면 안 됨).**

④ **책임성이 있어야 한다(책임이 조각되면 안 됨).**

⑤ **처벌 조건이 되어야 한다.**

구성 요건에 해당, 위법성, 책임성이 있는 경우 범죄는 성립되지만 형벌을 주기 위해 처벌 조건이 필요하다.

예로,

- 아들이 엄마의 지갑에서 몰래 돈을 가져간 것은 **친족상도례**로 처벌받지 않음(형법328조).

- 넘어져 남을 부딪쳐 남이 다친 경우는 고의성이 없는 것으로 처벌받지 않음(형법13조).

※ **친족상도례** : 가족끼리의 **재산범죄**는 그 죄를 면죄하는 형법상 특례(재산범죄가 아닌 폭행, 재물손괴 등은 해당되지 않으므로 처벌받음).

⑥ 절차법상 소추 조건이 되어야 한다.

범죄가 성립되었고 처벌 조건까지 있지만 검사가 공소를 제기하기 위해서 소추 조건이 필요하다.

예로,

- **친고죄** : 피해자가 고소하여야 한다(절도죄, 사자명예훼손죄, 모욕죄, 경제범죄, 경제범죄 등).

  • 친고죄는 6개월 이내에 고소해야 효력 있음.

- **반의사 불벌죄** : 피해자가 처벌을 원해야 공소제기할 수 있다(존속폭행죄, 협박죄, 과실상해, 명예훼손죄).

  • 고소취하 또는 처벌불원서는 1심까지 제출해야 효력 있음.

※ **소추** : 검사가 특정한 형사사건에 관하여 공소를 제기하는 일.

⑦ 기소되어야 한다.

⑧ 유죄판결되어야 한다.

①~⑥은 범죄자의 요건이고 ⑦, ⑧은 집행자의 권한으로, 검사가 기소하지 않으면 처벌받지 않는다.

판사가 무죄로 판결하면 처벌받지 않는다.

개인의 능력으로 유능한 변호사를 선임하여 검사, 판사의 판단을 바꾼다면 벌을 받지 않을 수 있다.

⑧까지 해서 유죄로 인정되어야 처벌받는다.

3.
형사사건에서 무죄가 될 수 있는 것들★★★★

1) 의심스러울 때는 피고인에게 유리하게★★★★
2) 형법관련 무죄(10가지)★★★★

1) 의심스러울 때는 피고인에게 유리하게★★★★

(1) 뜻

피고인에게 유죄를 주기에는 애매하고 미심쩍을 경우 무죄로 판결하라는 것이다. 이것은 형사재판의 대원칙으로 통한다.

(2) 보충

'열 명의 범인을 놓치더라도 한 명의 억울한 범죄자를 만들지 마라.'라는 말이 있다.

예로서, 우리는 8차 화성 연쇄살인 사건의 범인으로 20여 년간 옥살이를 하다 풀려나 재심청구하여 범인이 아닌 것으로 판결된 것을 최근에 보았다. 이 건은 다행히 진범이 살아 있어 자기가 저지른 범죄임을 실토했기에 누명을 벗을 수 있었다.

명예에 눈먼 수사관들에 의해 누명을 써 범죄자가 된 분을 텔레비

전 영상으로 보면서 '참으로 천사 같구나.'라고 생각했다. 일반 사람 같으면 너무 분노에 차서 복수하고 싶고 또 정신적 갈등으로 아마 살아 있질 못할 것 같은데…….

잊지 못할 그의 말 한마디 **"그때 허위 자백을 안 했으면 지금 내가 이 세상에 없었을 거에요."**

소름끼치는 말이다. 수사관들의 신문을 받으며 당사자는 얼마나 공포스러웠을까? 얼마나 고통스러웠을까?

역사적으로 범인이라는 누명을 쓴 많은 사람들을 다시 생각하게 된다. 억울하게 누명을 씌운, 국가권력을 고의로 국민을 위하여 사용하지 않고 자기를 위하여 사용한 수사관이나 검사, 판사 정권은 후에 극형을 처하여야 한다. 그러나 그들은 호의호식하며 잘살고 있다.

경찰, 검사, 판사가 선서문을 생각한다면 이러한 일들이 발생될 수 없다.

한 명의 억울한 죄인을 만들지 않기 위하여 헌법상 무죄추정의 원칙이 있고 명확성의 원칙이 있고 공판중심주의가 있다.

그리고 형사소송에서는 검사가 모든 입증 책임을 지도록 하고 있다.

영화 〈배심원들〉의 명언들이 생각난다.

"법은 사람을 처벌하지 않기 위하여 있는 것입니다."

판사 김준겸의 파일에 쓰여 있던 글, "의심스러울 때는 피고인에게 유리한 입장에서.", "유죄라는 증거가 없다면 유죄라고 할 수 없다."

나는 이 영화를 보고 '법을 모르는 배심원들이 정말 상식이 통하는 판결을 하는구나.'라고 느끼며 감동했다.

우리 보통 사람은 범죄의 탈을 벗기 위하여 잘 알아들을 수도 없는 법률용어를 탁상 위에 올려 놓고 판사, 검사, 변호사들의 논쟁을 보아야 하고 100% 이긴다는 보장도 없이 이 돈, 저 돈 끌어모아 많은 돈을 주고 변호사를 선임하여야 한다.

모든 재판을 변호사를 선임하지 않아도 되는 또는 우리가 이해할 수 있는 상식으로 판단하는 배심원이 했으면 좋겠다.

8차 화성 연쇄살인 사건의 경찰 수사관은 가짜 증거를 완벽하게 만들어 검사에게 주고 검사는 입증책임자로서 확실한 증거를 기소 증거로 제시하여 판사가 "유죄가 의심스러우면 피고인에게 유리하게." 판결을 못하도록 했다. 피고인에게는 얼마나 압력을 넣었으면 피고인이 살기 위해서 가짜 사실을 자백했을까? 하는 생각이 든다.

📖 잠시 쉬었다 가기 - [재심청구하기]

　지금도 누명을 쓰고 범죄인이라는 딱지를 달고 사는 분이 있다면 아래 재심청구 조건 7가지를 확인하고 검토해 보시길 바란다.

　예로, 화성 연쇄살인 사건의 누명을 쓰고 20년간 억울한 옥살이를 한 그의 재심청구 이유는 형사소송법제420조제5호(새롭고 명백한 증거), 제1호 및 제7호(수사기관의 직무상 범죄)를 들었다.

참고사항

형사소송법제420조(재심 이유)

1. 원판결의 증거된 서류 또는 증거물이 확정 판결에 의하여 위조 또는 변조 인 것이 증명된 때.
2. 원판결의 증거된 증언, 감정, 통역 또는 번역이 확정 판결에 의하여 허위인 것이 증명된 때.
3. 무고로 인하여 유죄의 선고를 받은 경우에 그 무고의 죄가 확정 판결에 의 하여 증명된 때.
4. 원판결의 증거된 재판이 확정 재판에 의하여 변경된 때.

5. 유죄의 선고를 받은 자에 대하여 무죄 또는 면소를, 형의 선고를 받은 자에 대하여 형의 면제 또는 원판결이 인정한 죄보다 경한 죄를 인정할 명백한 증거가 새로 발견된 때.
6. 저작권, 특허권, 실용신안권, 의장권 또는 상표권을 침해한 죄로 유죄의 선고를 받은 사건에 관하여 그 권리에 대한 무효의 심결 또는 무효의 판결이 확정된 때.
7. 원판결, 전심 판결 또는 그 판결의 기초된 조사에 관여한 법관, 공소의 제기 또는 그 공소의 기초된 수사에 관여한 검사나 사법경찰관이 그 직무에 관한 죄를 범한 것이 확정 판결에 의하여 증명된 때 단, 원판결의 선고 전에 법관, 검사 또는 사법경찰관에 대하여 공소의 제기가 있는 경우에는 원판결의 법원이 그 사유를 알지 못한 때에 한한다.

2) 형법 관련 무죄★★★★

(1) 고의가 없으면 무죄(비난 가능성이 있다면 과실로 처벌될 수도 있음)

- **형법제13조(범의)** 죄의 성립 요소인 사실을 인식하지 못한 행위는 벌하지 아니한다(위법이 된다는 사실을 모르고 발생시킨 위법행위).

- **판례**

  • 2016년 서울지방법원은 판결을 보면, A 씨는 알콜농도 0.131%의 상태에서 자가용을 3m 운전하였다 하여 약식기소되었다. A 씨의 주장은 대리운전자가 차를 운전하여 집 앞의 주차장에 주차를 해 놓고 갔고 A 씨는 정차된 차 안에서 추워서 히터를 트는 과정에서 의도치 않게 브레이크나 기어를 잘못 건드려 경사진 주차면을 차가 스스로 굴러가 앞차에 막혀 섰다고 주장했다.

  • 판사는 현장과 A 씨가 제출한 동영상 및 진술 내용을 모두 검토한 결과 경사진 주차장에서 그러한 일은 발생할 수 있다고 판단하고 "**운전할 의사로 가속페달을 밟았다는 점을 인정할 증거가 부족하다.**"라 밝히고 음주운전 혐의로 기소된 A 씨에게 **무죄를 선고**했다.

- **위 판례에 대한 나의 생각**

  형사재판에서는 입증 책임이 검사에게 있다. 아마 검사가 A 씨가 고의로 운전했다는 것을 입증하지 못했나 보다.

따라서 판사는 "의심스러울 때는 피고인에게 유리하게."라는 즉, "애매하면 무죄로 판단하라."는 형사소송의 대원칙에 따라 무죄로 판결한 것이라 생각한다.

내가 법에 대해 공부하며 감명 깊게 본 영화 〈배심원들〉, 배심원들에 의해 무죄가 되는 상황은 정말로 참 멋있었다. 나도 배심원을 한 번 해 보고 싶은데 불러 주지 않는다. 그리고 〈부러진 화살〉, 〈변호인〉에서의 법리 논쟁 등은 나에게 법에 대한 관심을 증폭시켰다.

(2) 강요된 행위는 무죄

- **형법제12조(강요된 행위)** 저항할 수 없는 폭력이나 자기 또는 친족의 생명, 신체에 대한 위해를 방어할 방법이 없는 협박에 의하여 강요된 행위는 벌하지 아니한다.
- **예**
  - 약자가 강자의 폭력에 의해 마약을 복용한 행위.
  - 자기 또는 친족을 살해하겠다는 협박으로 인한 위법행위.

(3) 과실은 법률에 규정이 있는 경우에만 처벌

- **형법제14조(과실)** 정상의 주의 태만으로 인하여 죄의 성립 요소인 사실을 인식하지 못한 행위는 법률에 특별한 규정이 있는 경우에 한하여 처벌한다.
  - 과실이라도 교통·방해의죄(형법제185조 및 187조)의 경우는

법률에 특별한 규정이 있는 경우로 처벌을 받는다.

- 과실이라도 사람을 다치게 하거나 죽게 한 경우에는 형법제266조 내지268조의 특별한 규정에 따라 처벌을 받는다.

그러나 불가항력의 상태 즉, 어쩔 수 없는 상태에서의 과실치사상의 범죄는 무죄를 받을 수 있다.

- 예
  - 캄캄한 상태에서 무단횡단으로 건널목을 건너던 사람을 차량으로 치어 사망하게 한 사건의 무죄 판례.
  운전자는 전방주시의무를 다하여 운전하였으나 피해자가 어두운 밤 어두운 색의 옷을 입어 발견이 어려웠다는 어쩔 수 없는 상황에서의 사고로 무죄 판결.
  과실일지라도 사람을 죽게 한 경우에는 형법제266조 내지 268조에 의거 유죄를 인정하여야 하나 불가항력적인 어쩔 수 없는 상황을 고려하여 무죄 판결한 예.
  - 유사 사례로 밤에 운전 중 길가에서 갑자기 뛰어 들어온 사람을 치어 사망케 한 사고 무죄.

(4) 위법이 아니라고 오인한 행위는 무죄

- **형법제16조(법률의 착오)** 자기의 행위가 법령에 의하여 죄가 되지 아니하는 것으로 오인한 행위는 그 오인에 정당한 이유가 있는 때에 한하여 벌하지 아니한다.

- 법률의 착오는 금지의 착오로 "오인에 정당한 이유가 있는 때."는 '법 자체를 모르는 것'이 아니라 '법을 알긴 아는데 그 법을 해석상 잘못 이해하여 일으킨 행위'를 말하는 것이다.
- **예**
  - 부대장의 지시를 받아 벌목한 경우.
  - 위 사례는 불법인 줄 알았지만 부대장이 법적 허가를 득하고 지시한 행위로 오인하여 발생된 행위다. 이러한 행위는 '신뢰의 원칙'에도 부합하는 것이라 생각한다.

(5) 어떤 행위가 결과에 영향을 미치지 않았다면 무죄

- **형법제17조(인과관계)** 어떤 행위라도 죄의 요소되는 위험발생에 연결되지 아니한 때는 그 결과로 인하여 벌하지 아니한다.
  - 이것은 어떤 행위를 했을 때 그 결과가 범죄와 연결되지 않았다면 벌을 받지 않는다는 뜻이다(상당인과관계).
- **판례**
  - A와 B의 차량이 사람을 연달아 치고 가 피해자가 사망한 경우, B에게 대한 판결로,
    "B가 일으킨 후행 교통사고 당시에 피해자가 생존해 있었다는 증거가 없다면 설령 B에게 유죄의 의심이 있다고 하더라도 B의 이익으로 판단할 수밖에 없어 후행 교통사고와 피해자의 사망 사이의 인과관계를 인정할 수 없고 유죄를 인정할 수 없

다(대법2014.6.12.선고2014도3163 판결).

- 위 판결은 인과관계의 판결이지만 "의심스러울 때는 피고인에게 유리하게."라는 형사소송의 원칙도 들어가 있다.

(6) 위법하지 않은 행위 또는 비난 가능성이 없는 행위는 무죄

- **형법제20조(정당행위)** 법령에 의한 행위 또는 업무로 인한 행위 기타 사회상규에 위배되지 아니하는 행위는 벌하지 아니한다.
- **판례**
  - 쟁의 행위의 목적이 적법하고 시위를 업무 개시 전 또는 점심 시간을 이용하였고 쟁의행위 방법이 비폭력으로 업무방해죄의 성립을 인정하지 않은 것은 법령에 의한 행위에 해당한다.
  - 가처분의 판결에 따라 건물은 철거한 것은 업무로 인한 정당행위에 해당한다.
  - 교사가 훈계 목적으로 교칙 위반 학생의 뺨을 몇 차례 때린 경우 기타 사회상규에 위배되지 아니하는 행위에 해당한다.

(7) 정당방위는 무죄

- **형법제21조(정당방위)** ① 자기 또는 타인의 법익에 대한 현재의 부당한 침해를 방위하기 위한 행위는 상당한 이유가 있는 때에는 벌하지 아니한다.
② 전항의 방위행위가 과잉방위이면 벌을 받을 수 있다.

③ 제2항의 과잉방위가 야간 또는 불안한 상태에서 공포, 경악, 흥분, 당황으로 인한 경우는 무죄다.

- 위 1항은 위법한 침해의 행위로부터 자신을 방위하는 것을 허용하는 자기보호의 원리와 '법은 불법에 양보하지 않는다'는 법질서 수호의 원리를 표방한 것이며 1항의 정당방위는 위법성 조각사유에 해당한다.
- 제2항의 과잉방위는 상당성이 결여된 과잉방위로서 책임경감 사유에 해당한다.
- 제3항은 기대 가능성이 없는 즉, 비난 가능성이 없는 책임조각 사유에 해당하므로 무죄다.
- 형법제21조의 정당방위(위법성 조각사유)에서 위법성을 조각하는 객관적 상황이 없음에도 있는 것으로 오인하여 일으킨 행위를 **오상방위**라고 한다.

※ 오상방위의 예 : 컴컴한 밤에 마실 온 옆집 친구를 도둑으로 오인하고 두들겨 팬 경우(객관적 상황 없음 : 도둑 없음).

- 판례
  - 2014년 뉴스를 듣고 왜 정당방위가 되지 않는가?라고 했던 사건을 예로 들면,
    2014년 3월 8일 한 아파트에 도둑(55세)이 침입해 훔칠 물품을 물색하던 중 집주인(20세)이 발견하고 구타하여 넘어뜨리고, 도둑이 도망치려 하자 계속 구타하고 이어 빨래건조대로 구타

하는 등 심한 구타로 도둑은 외상성 경막하 출혈 등의 상해로 식물인간이 되었고 약 10개월 후 사망하였다.

대법 판결은 징역 1년 6월에 집행유예 3년의 원심 확정.

• 이유 : 도망가려는 자를 붙잡아 머리를 장시간 폭행해 식물인간으로 만든 것은 정당방위를 넘어선 행위이다. 항상 과잉은 있어서는 안 되는 것이다.

(8) 위법행위라도 상당한 이유가 있는 긴급피난은 무죄이다

- **형법제22조(긴급피난)** ① 자기 또는 타인의 법익에 대한 현재의 위난을 피하기 위한 행위는 상당한 이유가 있는 때에는 벌하지 아니한다.

- **판례**

• 김 씨는 음주 후 노래방에 가기 위해 대리운전사를 이용했고 가던 중 대리운전자와 실랑이가 붙어 대리운전자가 도로에 차를 세워두고 가 버렸다. 차는 노란 차선에 세워져 있고 노래방까지는 10m 정도 되어 김 씨가 노래방 주차장까지 운전하여 주차했고 이것을 대리운전자가 사진을 찍어 음주운전으로 신고한 사건.

• 판사는 위 상황이 차량이 오가는 도로에 주차되어 있어 다른 차량의 통행에 많은 지장을 초래하고 야간인지라 위험도 크고 또 술 취한 일행에게나 주변의 누구에게 운전을 부탁하는 것은 불가능한 상황에서 김 씨가 운전을 하고 일행이 수신호 등을

하여 안전하게 주차장까지 이동하여 주차한 것은 김 씨의 운전 행위로 타인의 생명과 안전에 대한 위험이 크지 않았고 이 행위로 인하여 확보되는 공적 이익이 침익보다 더 우월한 것이라 판단하여 무죄를 선고하였음(2020. 12. 23, 서울동부지방법원).

(9) 공권력의 도움을 받을 수 없는 긴급한 상황에서 자기의 손해를 회복하기 위해 과잉되지 않는 폭력 등은 무죄

- **형법제23조(자구행위)** ① 법정 절차에 의하여 청구권을 보전하기 불능한 경우에 그 청구권의 실행 불능 또는 현저한 실행 곤란을 피하기 위한 행위는 상당한 이유가 있는 때는 벌하지 아니한다.

- **보충**

  • 자구행위 : 공권력을 빌지 않고 자기의 힘으로 자기의 손해를 구제하는 행위(자력구제행위, 위법성조각사유).

  • 예로, 금반지를 훔쳐간 놈을 길에서 마주쳤다. 경찰의 도움을 받다 보면 이놈을 놓쳐 버린다. 긴급히 직접 팔을 꺾고 몇 대 때려서 금반지를 회수했다. 이때 폭력은 자력구제행위로 무죄다.

  • 제1항에서의 청구권 보전은 가압류, 가처분 기타의 사법절차를 법원에 청구하는 것.

  • 개인의 폭력에 상당한 이유가 있으면 무죄이나 너무 지나치면 벌을 받는다(제2항 : 과잉자구행위).

- 판례
  - 피 씨가 화랑 주인에게 석고를 납품한 대금을 받지 못하고 있던 중 화랑 주인이 화랑을 폐쇄하고 도주하자, 피 씨가 야간에 폐쇄된 화랑의 문을 드라이버로 뜯어내고 화랑 주인의 물건을 몰래 가지고 나왔다면, 피 씨의 행위는 형법제23조 소정의 자구행위라고 볼 수 없다(대법원1984. 12. 26. 선고84도2582).
  - 위 판례의 사례는 고소, 고발, 가압류 등 법정절차에 의하여 청구권을 보전이 가능한 것이고 몰래 가져온 행위는 상당한 이유가 있다고 볼 수 없다.

(10) 피해자가 피해자에 대한 침해를 허용한 경우의 가해자의 행위는 무죄
- **형법제24조(피해자의 승낙)** 처분할 수 있는 자의 승낙에 의하여 그 법익을 훼손한 행위는 법률에 특별한 규정이 없는 한 벌하지 아니한다.
- 보충
  - 생명이나 신체에 훼손에 대한 침해는 허용되지 않고, 피해자에게 처분권이 있는 재산에 대한 침해의 행위를 허용하는 것이다(위법성조각사유).
- 판례
  - 피 씨가 밍크 소유자에게 밍크 45마리에 대한 권리는 자기에

게 있다고 주장하며 가져간 데 대하여 밍크 소유자의 묵시적인 동의가 있었다면 피 씨의 주장이 훗날 거짓을 밝혀졌더라도 피 씨의 행위는 밍크 소유자의 동의가 있었으므로 절도죄의 절취행위에 해당하지 않는다(대법원1990. 8. 10. 선고90도1211 판결).

4.
무죄를 만들 수 있는 형사 관련 원칙 틀★★★

1) 죄형법정주의
  (1) 명확성의 원칙, (2) 유추해석 금지의 원칙, (3) 소급효금지의 원칙
  (4) 관습형법 금지의 원칙, (5) 적정성의 원칙
2) 미란다 원칙
3) 위법수집증거 배제원칙★★
4) 자백배제법칙★★★
5) 자백보강의 법칙★★
6) 증거재판주의★★★★
7) 무죄추정의 원칙
8) 일사부재리 원칙
9) 불이익변경 금지의 원칙
10) 형종상향의금지의 원칙

1) 죄형법정주의(罪刑法定主義)

어떤 행위의 범죄와 그에 대한 형벌은 법률로만 정할 수 있다는 뜻이다.

※ '법률이 없으면 범죄도 없고 법률이 없으면 형벌도 없다.'는 원칙으로 나쁜 짓도 법률이 범죄로 규정하지 않았다면 처벌할 수 없다.

죄형법정주의의 파생원칙으로 아래의 5가지가 있다.

(1) 명확성의 원칙

○ 뜻

- 넓은 의미로 국민의 기본권을 제한하는 법률은 내용이 명확하여야 한다는 원칙으로 형벌 관련 법 외의 법까지 모두 포함하고 있다.
- 작은 의미로 형벌법규는 범죄의 구성 요건과 그 법적 결과인 형벌을 명확하게 규정하여야 한다는 형법의 법리(네이버 위키백과).
- 행정행위자 또는 법관의 자의적 판단을 방지하고 국민으로서 미리 어떤 기본권 및 행위가 금지되고 어떤 처벌과 형벌이 과하여지는가를 예측 가능토록 하는 것이다.

(2) 유추 해석금지의 원칙

○ 뜻

- 형벌법규에 규정한 법규가 없는 데도 불구하고 유사한 법규를 유추하여 적용하는 것을 금한다는 원칙이다.
- 형벌법규는 국민의 권리를 제한하는 것으로 유추·해석토록 하여 탄력적으로 법을 적용할 경우 법적 안정성을 해할 염려가 있고 형벌권이 확대되어 죄형법정주의에 반하게 된다.

(3) 소급효금지의 원칙★★★

○ 뜻

- 형벌법규는 법 시행 이전의 행위에 대해서 소급적용해서 처벌하여

서는 안 된다는 원칙(행정법의 법률불소급의 원칙, 헌법제13조).

○ 근거
- **헌법제13조제2항** "모든 국민은 소급입법에 의하여 참정권의 제한을 받거나 재산권을 박탈당하지 아니한다."

○ **판례**
- **소급적용이 가능한 사례**
① 법에 경과규정을 두는 경우
② 대법원판례(대법원2005. 5. 13. 2004다8630) 일부 인용

　법령의 소급적용, (중략) 이를 인정하지 않는 것이 원칙이고(법률불소급의 원칙 또는 행정법규 불소급의 원칙), 다만 법령을 소급적용하더라도 일반 국민의 이해에 직접 관계가 없는 경우, 오히려 그 이익을 증진하는 경우, 불이익이나 고통을 제거하는 경우 등의 특별한 사정이 있는 경우에 한하여 예외적으로 법령의 소급적용이 허용된다.
③ 헌법재판소 판례(헌법재판소 1996. 2. 16. 96헌가2, 96헌바7, 96헌바13병합)

　기존의 법에 의하여 형성되어 이미 굳어진 개인의 법적 지위를 사후입법을 통하여 박탈하는 것 등을 내용으로 하는 진정소급입법은 개인의 신뢰보호와 법적 안정성을 내용으로 하는 법치

국가 원리에 의하여 헌법적으로 허용되지 않는 것이 원칙이지만, 특단의 사정이 있는 경우, 즉 기존의 법을 변경하여야 할 공익적 필요는 심히 중대한 반면에 그 법적 지위에 대한 개인의 신뢰를 보호하여야 할 필요가 상대적으로 정당화될 수 없는 경우에는 예외적으로 허용될 수 있다.

그러한 진정소급입법이 허용되는 예외적인 경우로는 일반적으로, 국민이 소급입법을 예상할 수 있었거나, 법적 상태가 불확실하고 혼란스러웠거나 하여 보호할 만한 신뢰의 이익이 적은 경우와 소급입법에 의한 당사자의 손실이 없거나 아주 경미한 경우, 그리고 신뢰보호의 요청에 우선하는 심히 중대한 공익상의 사유가 소급입법을 정당화하는 경우를 들 수 있다. 이를 대별하면 진정소급입법이 허용되는 경우는 구법에 의하여 보장된 국민의 법적 지위에 대한 신뢰가 보호할 만한 가치가 없거나 지극히 적은 경우와 소급입법을 통하여 달성하려는 공익이 매우 중대하여 예외적으로 구법에 의한 법적 상태의 존속을 요구하는 국민의 신뢰보호 이익에 비하여 현저히 우선하는 경우로 크게 나누어 볼 수 있다.

(4) 관습형법 금지의 원칙

○ 뜻

- 법률이 아닌 관습으로서 범죄를 규정하거나 형벌을 부과할 수

없다. 성문 법률주의 원칙.

- 범죄와 형벌은 성문법에 의해 하는 것으로 명확성의 원칙과 상
  통한다.

○ 근거

- **헌법제12조제1항** "누구든지 법률에 의하지 아니하고는 체포·구
  속·압수·수색 또는 심문을 받지 아니하며, 법률과 적법한 절차에 의
  하지 아니하고는 처벌·보안처분 또는 강제노역을 받지 아니한다."

(5) 적정성의 원칙★★★★

○ 뜻

- 법률에 의해 범죄와 형벌이 규정되었다고 하더라도 그 형벌이
  인간의 존엄성을 근본으로 삼고 있는 헌법의 가치에 부합되어야
  한다는 원칙.
- 행위와 형벌 사이에 비례와 균형이 요구됨(과한 징벌 방지).
  예) 참새를 잡는 데 대포를 쏘는 경우.
- **헌법제37조제2항** 단서의 과잉금지의 원칙(비례의 원칙).

2) 미란다원칙

(1) 뜻

- 경찰이나 검찰이 피의자를 체포·구속하기 전 또는 자백을 받기

전에 피의자에게 체포·구속 이유와 피의자의 권리를 알려주어
야 한다는 원칙.

- 알려 주는 내용은 "당신은 당신에게 불리한 진술을 거부할 수 있
는 권리(진술거부권)가 있고 당신은 변호사의 도움을 받을 수 있
는 권리(변호사선임권)가 있고 당신이 하는 말은 당신에게 불리
한 증거가 될 수 있습니다."

- 미란다원칙을 알리지 않고 체포·구속을 당했을 경우 : 피의자에
대한 혐의와 자백은 무효가 된다.

(2) 근거

- **헌법제12조제5항** "누구든지 체포 또는 구속의 이유와 변호인의
조력을 받을 권리가 있음을 고지받지 아니하고는 체포 또는 구
속을 당하지 아니한다. 체포 또는 구속을 당한 자의 가족 등 법
률이 정하는 자에게는 그 이유와 일시·장소가 지체 없이 통지되
어야 한다."

- **형법제200조의5** "검사 또는 사법경찰관은 피의자를 체포하는 경
우에는 피의 사실의 요지, 체포의 이유와 변호인을 선임할 수 있
음을 말하고 변명할 기회를 주어야 한다."

- **형사소송법제72조** "피고인에 대하여 범죄 사실의 요지, 구속의
이유와 변호인을 선임할 수 있음을 말하고 변명할 기회를 준 후
가 아니면 구속할 수 없다. 다만, 피고인이 도망한 경우에는 그

러하지 아니하다."

3) 위법수집증거 배제원칙★★

(1) 뜻

- 적법한 절차에 따르지 아니하고 수집한 증거는 증거로 할 수 없다는 원칙.

(2) 근거

- **형사소송법제308조의2** "적법한 절차에 따르지 아니하고 수집한 증거는 증거로 할 수 없다."

(3) 판례

- **판사의 날인이 없는 영장으로 압수수색한 증거의 효력?(증거능력 인정)**

  "적법하지 않은 영장에 기초하여 수집되었다는 절차상의 결함이 있지만, 이는 법관이 공소사실과 관련성이 있다고 판단하여 발부한 영장에 기초하여 취득된 것이고, 이와 같은 결함은 피고인의 기본적 인권보장 등 법익 침해 방지와 관련성이 적으므로 이 사건 압수물품의 취득 과정에서 절차 조항 위반의 내용과 정도가 중대하지 않고 절차 조항이 보호하고자 하는 권리나 법익을 본질적으로 침해하였다고 볼 수 없다."(중략)

"공소사실과 관련성이 높은 압수한 물품의 증거능력을 배제하는 것은 법절차의 원칙과 실체적 진실규명의 조화를 도모하고 이를 통하여 형사 사법 정의를 실현하려는 취지에 반하는 결과를 초래할 수 있다. (중략) 영장이 「형사소송법」이 정한 요건을 갖추지 못하여 적법하게 발부되지 못하였다고 하더라도, 그 영장에 따라 수집한 이 사건 압수물품의 증거능력을 인정할 수 있다."(대법원2019. 7. 11. 선고2018도20504 판결)

- **위법한 변호인 접견불허 기간 중 작성된 검사 작성의 피의자 신문조서의 증거 효력?(증거능력 부정)**

"변호인과의 접견교통권은 헌법상 보장된 변호인의 조력을 받을 권리의 중핵을 이루는 것으로서 변호인과의 접견교통이 위법하게 제한된 상태에서는 실질적인 변호인의 조력을 기대할 수 없으므로 위와 같은 변호인의 접견교통권 제한은 헌법이 보장한 기본권을 침해하는 것으로서 그러한 위법한 상태에서 얻어진 피의자의 자백은 그 증거능력을 부인하여 유죄의 증거에서 배제하여야 하며, 이러한 위법증거의 배제는 실질적이고 완전하게 증거에서 제외함을 뜻하는 것이다."(대법원1990. 9. 25. 선고90도1586 판결)

참고사항 헷갈리는 말 제대로 알고 가자!

○ **신문(訊問** : 물을 신, 물을 문)
  - 알고 있는 사실을 캐어 물음.
  - (법률) 판사 검찰 경찰이 증인이나 피고인에게 사실관계 조사하는 것.
  → 밝혀내기 위해 따져 묻는 것(부정적, 강제적).
○ **심문(審問** : 살필 심, 물을 문)
  - 자세히 따져 물음.
  - 판사가 피의자 권리보호를 위해 기회를 주는 것으로 당사자나 이해관
    계자에게 서면 또는 구두로 진술할 기회를 주는 것.
  → 호소를 들어주는 것(긍정적, 자율적).

(4) 주의 사항

- 휴대전화의 임의제출?

요즘 휴대전화는 사건과 관련하여 증거로써 굉장히 유용하게 활
용되고 있다. 따라서 검찰이나 경찰은 범죄 혐의와 관련된 휴대
전화를 압수하기 위하여 영장을 받아 휴대전화를 압수하여야 한
다. 검사나 경찰이 수사하면서 휴대전화를 요구할 경우 겁이 나
서 또는 괘씸죄가 걸리면 형이 늘어나는 것을 두려워하여 거부
하지 못하고 줄 수가 있다. 이것은 영장 없이 수집된 증거로 증
거로써의 효력이 없다. 검사나 경찰은 피의자가 임의 제출하였
기에 본 것이라 주장할 것이다. 임의제출은 적법한 것이므로 주

의를 요한다. 단적인 예로, 검사 관련 사건을 보면 해당 검사들은 용의자 선상에 오르면 휴대전화를 부수거나 교체, 또는 비밀번호를 풀지 못하도록 하여 증거로서의 능력을 소멸시키는 것을 볼 수 있다.

[나의 소견]

우리는 명백한 범인인데도 무죄가 되고 반대로 무죄인데도 유죄로 만드는 것을 뉴스를 통해 알고 있다. 무전유죄 유전무죄, 무권유죄 유권무죄 실감한다.

예로서, 제 식구 감싸기로 일부러 위법한 수단으로 증거를 확보하여 증거로써의 효력을 상실되도록 하고 무죄 판결을 받도록 한다. 그리고 계획대로 무죄가 나오면 항소하지 않는다. 깨끗하게 합법적으로 범죄를 세탁해 준다.

제 식구 감싸기로 모든 사람이 판단할 수 있는 동영상의 얼굴을 수사관은 식별이 곤란하다 하여 명백한 범인을 풀어 준다. 공소시효를 넘기도록 한다. 반면 고소한 자는 심한 고통과 분노 등으로 인격 살인을 당한다.

죄도 없는 사람을 범법자로 만들기 위하여 다른 실제 범법자의 형량을 줄여 주는 조건으로 허위진술을 하도록 하여 증거로 만들고 그 것을 증거로 죄가 없는 자를 범법자로 만든다.

거짓이 진실이 되고 진실이 거짓이 되는 것을 합법적으로 만드는 세상 겁난다는 생각을 해 본다. 그것을 자행한 사람들은 진정한 범법자인데 그들은 떳떳하고 승승장구한다. 그들은 정의 실현자가 된 다.

4) 자백배제법칙★★★

(1) 뜻

- 피고인의 자백이 고문, 폭행, 협박, 신체구속의 부당한 장기화 또는 기망, 기타의 방법으로 임의로 진술한 것이 아니라고 의심할 만한 이유가 있는 때에는 이를 유죄의 증거로 하지 못한다는 원칙.

(2) 근거

- **헌법제12조제7항** "피고인의 자백이 고문·폭행·협박·구속의 부당한 장기화 또는 기망 기타의 방법에 의하여 자의로 진술된 것이 아니라고 인정될 때 또는 정식재판에 있어서 피고인의 자백이 그에게 불리한 유일한 증거일 때에는 이를 유죄의 증거로 삼거나 이를 이유로 처벌할 수 없다."
- **형사소송법제309조** "피고인의 자백이 고문, 폭행, 협박, 신체구

속의 부당한 장기화 또는 기망 기타의 방법으로 임의로 진술한 것이 아니라고 의심할 만한 이유가 있는 때에는 이를 유죄의 증거로 하지 못한다."

(3) 사례

- 자백을 하면 가벼운 벌로 해 주겠다는 수사관들의 말을 믿고 한 자백, 즉, 자백의 대가로 이익을 제공한다는 말을 믿고 한 자백은 유죄의 증거로 할 수 없다는 판결.
- 8차 화성 연쇄살인 사건으로 옥살이를 20년간이나 했던 윤○○ 씨, '고문으로 인한 허위자백'에 따른 재심청구.

5) 자백보강의 법칙★★

(1) 뜻

- 신빙성 있는 자백에 의하여 법관이 유죄를 확신하는 경우에도 자백에 의한 **보강증거가 없으면** 유죄로 인정할 수 없다는 원칙. 즉, 본인의 자백만으로는 처벌할 수 없다.
- 고문, 거래 등으로 인한 허위자백으로 인한 오판을 방지하고, 자백만으로 유죄를 인정하는 경우 수사관은 오로지 자백만을 받으려 할 것이다. 그러면 자백편중 수사로 발생될 인권침해 등을 방지하기 위한 원칙.

(2) 근거

- **헌법제12조제7항** "정식 재판에 있어서 피고인의 자백이 그에게 불리한 유일한 증거일 때에는 이를 유죄의 증거로 삼거나 이를 이유로 처벌할 수 없다." 즉, 자백 외 증거가 있어야 유죄로 인정할 수 있다는 뜻.

- **형사소송법제310조** "피고인의 자백이 그 피고인에게 불이익한 유일의 증거인 때에는 이를 유죄의 증거로 하지 못한다."

(3) 사례

- 2019년 제주도에서 전남편을 살해 후 사체를 훼손하여 흔적을 찾을 수 없게 유기한 것은 자백보강의 원칙을 알고 완전범죄를 계획했던 것 같다.

  아마 IT 기술이 발달하지 않았다면 증거를 없애는 것이 가능했겠지만 지금 CCTV, 휴대전화, 개인 컴퓨터의 기기로 인해 많은 증거를 확보할 수 있었다. 이것으로 증거를 보강하여 유죄를 판결한 것 같다.

(4) 자백보강의 법칙 배제

- **즉결심판에 관한 절차법제10조(증거능력)** "즉결심판절차에 있어서는,

  형사소송법제310조(불이익한 자백의 증거능력), 제312조제3항

및 제313조(진술서 등)의 규정은 적용하지 아니한다."

※ 즉결심판 : 범증이 명백하고 죄질이 경미하고 20만 원 이하의 벌금, 구류 또는 과료에 해당하는 범죄사건을 신속·적정한 절차로 심판하는 것.

6) 증거재판주의★★★★

(1) 뜻

- 재판에서 사실의 인정은 반드시 증거에 의하여야 한다는 원칙.
- 보충할 수 있는 말은,

   "열 명의 도둑을 놓치더라도 한 명의 억울한 가짜 도둑을 만들어서는 안 된다."

   "증거가 없어 유죄가 의심스러울 때는 피고인에게 유리하게 무죄를."

(2) 근거

- **형사소송법제307조(증거재판주의)** "① 사실의 인정은 증거에 의하여야 한다."

(3) 사례

- 1996 인기 댄스그룹 듀스의 멤버였던 가수 김○○ 씨 살해사건 발생, 1심에서 여자친구가 졸레틸을 먹여 죽였다 하여 무기징역,

항소심인 2심 재판부는 확실한 증거 없이 유죄를 인정할 수 없다 하여 무죄선고.

7) 무죄추정의 원칙★★★

(1) 뜻

- 피고인 또는 피의자는 유죄 판결이 확정될 때까지 무죄로 추정한다는 원칙.

(2) 근거

- **헌법제27조제4항** "형사피고인은 유죄의 판결이 확정될 때까지는 무죄로 추정된다."
- **형사소송법275조의2(피고인의 무죄추정)** "피고인은 유죄의 판결이 확정될 때까지는 무죄로 추정된다."

(3) 판례

- 수사 및 재판단계에서 유죄가 확정되지 아니한 미결수용자에게 재소자용 의류를 입게 하는 것은 미결수용자로 하여금 모욕감이나 수치심을 느끼게 하고, 심리적인 위축으로 방어권을 제대로 행사할 수 없게 하여 실체적 진실의 발견을 저해할 우려가 있으므로, 도주 방지 등 어떠한 이유를 내세우더라도 그 제한은 정당화될 수 없어 헌법제37조제2항의 기본권 제한에서의 비례원칙에 위

반되는 것으로서, 무죄추정의 원칙에 반하고 인간으로서의 존엄과 가치에서 유래하는 인격권과 행복추구권, 공정한 재판을 받을 권리를 침해하는 것이다(헌법재판소 1999. 5. 27. 선고 97헌마137).

8) 일사부재리원칙

(1) 뜻

- 어떤 사건에 대하여 판결이 확정되면 그 사건에 대하여 다시 재판할 수 없다는 원칙으로 이미 확정 판결된 동일사건은 다시 심리·재판을 할 수 없다는 뜻.
- 일사부재리원칙은 형사법상 원칙이고 민사소송법에는 '기판력'이 있다.

참고사항

ㅇ면소 판결 : 형사사건에서 실체적 소송 조건의 일부가 인정되지 않는 경우에 소송 절차를 종결시키는 판결.
ㅇ기판력 : 확정된 재판의 판단 내용이 소송 당사자 및 같은 사항을 다루는 다른 법원을 구속하여, 그 판단 내용에 어긋나는 주장이나 판단을 할 수 없게 하는 소송법적인 효력(네이버 국어사전).
- 민사소송법제216조(기판력의 객관적인 범위)

---

(2) 근거

- **헌법제13조제1항** "동일한 범죄에 대하여 거듭 처벌받지 아니한다."
- **형사소송법제326조(면소의 판결)** 제1호 "확정 판결이 있을 때."
- **군사법원법제381조(면소의 판결)** 제1호 "확정 판결이 있을 때."

(3) 사례

- 2020년 12월 어린이 성폭행범이 출소하면서 출소 후 재범이 두려워 많은 국민이 형량을 늘릴 수 있도록 청와대에 재심 청원을 했지만 '일사부재리원칙' 때문에 받아들여지지 않았다.
- 일사부재리원칙이 배제되는 경우는 형사소송법제420조(재심)에 해당되는 경우다.
  8차 화성 연쇄살인 사건의 경우 형사소송법제420조제1호, 제5호, 제7호에 의거 재심을 받아 무죄가 확정되었다.

9) 불이익변경금지의 원칙(중형변경 금지의 원칙)

(1) 뜻

- **피고인**이 상소(항소, 상고)한 사건은 원심 판결의 형보다 더 높은 형을 선고할 수 없다는 원칙.
- 형사소송 및 민사소송에서 적용된다.
- 이 제도는 피고인이 상소할 경우 더 높은 형량이 나올 것이 두려워 상소하지 않아 피해를 보는 것을 방지하기 위함이고 피고인

의 상소권을 보장해 주기 위한 것이다.

(2) 근거

- **형사소송법제368조(불이익변경의 금지)** "피고인이 항소한 사건과 피고인을 위하여 항소한 사건에 대하여는 원심 판결의 형보다 **중한 형**을 선고하지 못한다."

(3) 주요 보충★★

- **피고인이** 항소한 경우에만 해당되고 **검사가 항소한 경우**에는 해당되지 않는다. 따라서 검사가 상소한 경우에는 더 높은 형량이 나올 수 있다.
- 불이익변경금지의 원칙은 원심보다 **중한 형만 금지**하는 것이다. 그러므로 원심보다 **중한 법령을 적용**하는 것과 **중한 사실을 인정**하는 것은 해당되지 않으므로 중한 법령이 적용될 수 있고 중한 사실을 인정하게 될 수 있다.

  ★ 약식명령을 정식재판 청구 시는 형사소송법제457조의2적용으로 '형종 상향의 금지원칙' 적용.

10) 형종상향금지의 원칙

(1) 뜻

- 약식명령(벌금형)의 경우, 피고인이 정식재판을 요구할 경우 정

식재판에서는 벌금형보다 중한 다른 형종(징역형, 금고형, 자격
상실 등)을 선고할 수 없다는 원칙.

(2) 근거

- **형사소송법제457조의2(형종상향의 금지 등)** ① 피고인이 정식
재판을 청구한 사건에 대하여는 약식명령의 형보다 중한 종류의
형을 선고하지 못한다. ② 피고인이 정식재판을 청구한 사건에
대하여 약식명령의 형보다 중한 형을 선고하는 경우에는 판결서
에 양형의 이유를 적어야 한다.

(3) 주요 보충★★

- **형사소송법제450조(보통의 심판)** 에 의거 판사가 정식 재판으로
회부한 경우 형종상향금지의 원칙이 적용되지 않는다. 이 경우
징역형으로 선고될 수 있다.
- 검사가 정식 재판을 청구한 경우에도 형종상향금지의 원칙이 적
용되지 않는다.
- 피고인이 정식 재판을 청구한 경우, 동일 형의 종류에서 가중 처
벌할 수 있다(200만 원 벌금이 정식 재판에서 500만 원으로 될
수 있음).

판사나 검사가 약식명령을 정식 재판으로 청구 시 '형종상향의

금지' 원칙은 배제되어 가중 처벌할 수 있다.

참고자료

o 과거 약식명령에서 정식재판 청구는 형사소송법제368조에 따라 불이익
변경 금지의 원칙을 적용하여 너무 많은 정식재판청구가 남발되어 형사
소송법제457조의2를 신설하여 약식명령에서 정식재판을 청구하는 경
우 형종상향의 금지원칙을 적용토록 하였다 함. 따라서 약식명령에서 정
식재판 청구 시 같은 종류의 형인 벌금이 더 나올 수 있음.
o 형의 종류(형법제41조)
1) 사형, 2) 징역(노역복무), 3) 금고(노역복무배제), 4) 자격상실, 5) 자격
정지, 6) 벌금(5만 원 이상), 7) 구류(1일~30일 미만 교도소에 구치), 8) 과
료(2천 원 이상 5만 원 미만의 벌금), 9) 몰수(범죄수익 몰수)

5.
범죄를 무죄로 만드는 조각(阻却)사유★★★★

> 1) 위법성 조각사유★★★★
> 2) 책임조각사유★★★★
> 3) 사회상규★★★★

참고사항

○ 조각(阻却) : 방해하거나 물리침 ≒ 배척(排斥) ≒ 면책(免責)

- 阻 : 험할 조, 걱정하다

- 却 : 물리치다, 멎다

※ 나는 암기 시 '죄를 조각조각 찢어서 없애버린다.'라고 생각했음.

1) 위법성조각사유★★★★

범죄 성립의 요건(구성 요건 해당성, 위법성, 책임성) 중 하나인 위법성을 조각(배척)하는 사유를 말한다. 즉, 위법성을 없애는 사유다.

위법성 조각사유는 두 가지로 나눌 수 있다.

- 형법상 조각사유 : 형법에 규정되어 있는 조각사유.
- 초법규적 조각사유 : 형법에 규정되어 있지 않은 조각사유.

즉, 형식상 범죄행위의 조건을 갖추었지만 실제로는 그것을 위법으로 인정하지 않는 것이다.

(1) 위법성 조각사유 행위(형법에 규정되어 있는 것)

정당행위(형법제20조), 정당방위(형법제21조), 긴급피난(형법제22조), 자구행위(형법제23조), 피해자의 승낙(형법제24조).

이상과 같이 형법에서 정하여 벌하지 않는 이유 즉, 위법성조각사유를 붙여 규정해 놓았다. 범죄행위를 하였더라도 형법의 해당 조항에 해당하면 위법성이 조각되어 처벌할 수가 없다.

관련 법률(형법)

제20조(정당행위) 법령에 의한 행위 또는 업무로 인한 행위 기타 사회상규에 위배되지 아니하는 행위는 벌하지 아니한다.
제21조(정당방위) 자기 또는 타인의 법익에 대한 현재의 부당한 침해를 방위하기 위한 행위는 상당한 이유가 있는 때에는 벌하지 아니한다.
제22조(긴급피난) 자기 또는 타인의 법익에 대한 현재의 위난을 피하기 위한 행위는 상당한 이유가 있는 때에는 벌하지 아니한다.

제23조(자구행위) 법정 절차에 의하여 청구권을 보전하기 불능한 경우에 그 청구권의 실행 불능 또는 현저한 실행 곤란을 피하기 위한 행위는 상당한 이유가 있는 때에는 벌하지 아니한다.

제24조(피해자의 승낙) 처분할 수 있는 자의 승낙에 의하여 그 법익을 훼손한 행위는 법률에 특별한 규정이 없는 한 벌하지 아니한다.

제310조(위법성의 조각) '공연히 사실을 적시하여 사람의 명예를 훼손한 자'의 행위가 진실한 사실로서 오로지 공공의 이익에 관한 때에는 처벌하지 아니한다.

(2) 초법규적 위법성 조각 사유

위법행위가 상식적인 즉, 실제적, 사회적으로 상당하다고 인정되어 위법성을 조각할 수 있는 사유로 개인이 판단하기는 어렵고 판례나 조리 또는 사회상규 등을 검토하여 판사가 판단하여야 할 사항으로 사료.

예) 불법적인 방법으로 사람을 살린 치료행위 등.

2) 책임조각사유★★★★

(1) 뜻

- 범죄의 성립 요건 중의 하나인 책임의 성립을 조각하는 사유(면책사유).

※ 형법상의 위법행위를 안 할 것이라는 기대가 불가능하면 책임

(비난)이 면책된다. 즉, 책임이 조각된다. 그리고 책임이 면책되면 처벌하지 않는다.

기대 불가능 → 책임(비난) 면책(조각) → 처벌 불가

(2) 보충 설명

㉮ 기대 불가능성(책임무능력, 금지착오)이란?

행위자가 적법한 행위를 할 것을 기대할 수 없는 것을 말한다(기대 불가능).

예로, 판단 능력이 없는 아기가 저지른 불법행위(책임무능력)와 담당 공무원의 말을 믿고 저지른 불법행위(금지의 착오) 는 적법한 행위를 할 것으로 기대하기 불가능한 일들이다.

전자의 ㉠ 책임무능력은 판단 능력이나 조종 능력이 불가능한 아기나 심신장애자로 형사책임을 질 능력이 없는 상태이고, 후자의 ㉡ 금지의 착오는 착오로 인하여 자기의 행위가 위법성이라는 것을 인식하지 못하는 상태이다.

책임무능력자의 행위나 금지의 착오로 인한 행위는 **기대가 불가능한 행위**로 **책임이 면책(조각)된다.**

㉯ 형법에서의 책임이란?

위법한 행위가 비난받을 수 있는 것인지? 비난받지 말아야 하는 것인지에 대한 비난 가능성을 말하는 것이다.

불법행위로서 비난받을 만한 행위라면 책임을 져야 하는 것이고 불가항력적으로 또는 판단력이 없는 아기가 저지른 일이라면 비난할 수 없는 행위이므로 책임을 물을 수 없는 것이다.

후자의 행위는 비난받을 수 없는 행위로 비난 가능성이 없는 행위다. 따라서 책임이 없다.

형법은 "책임이 없으면 형벌이 없다."라는 원칙을 전제로 한다. 따라서 행위자에게 **비난 가능성(책임)이 없으면 벌하지 않는다.**

(3) 형법의 책임 조각사유 행위

미성년자(형법제9조), 심신장애인(형법제10조), 농아자(형법제11조), 강요된 행위(형법제12조), 금지착오(형법제15조, 제16조), 과잉방위(형법제21조2,3항), 과잉피난(형법제22조제3항), 과잉자구행위(형법제23조), 친족 간의 증거인멸·은닉·위조·변조(형법제155조제4항) 등이 책임 조각사유에 해당된다.

관련 법률(형법)

제9조(형사미성년자) 14세가 되지 아니한 자의 행위는 벌하지 아니한다.
제10조(심신장애인) ① 심신장애로 인하여 사물을 변별할 능력이 없거나 의사를 결정할 능력이 없는 자의 행위는 벌하지 아니한다.

제11조(농아자) 농아자의 행위는 형을 감경한다.

제12조(강요된 행위) 저항할 수 없는 폭력이나 자기 또는 친족의 생명, 신체에 대한 위해를 방어할 방법이 없는 협박에 의하여 강요된 행위는 벌하지 아니한다.

제15조(사실의 착오) ① 특별히 중한 죄가 되는 사실을 인식하지 못한 행위는 중한 죄로 벌하지 아니한다.

② 결과로 인하여 형이 중할 죄에 있어서 그 결과의 발생을 예견할 수 없었을 때에는 중한 죄로 벌하지 아니한다.

제16조(법률의 착오) 자기의 행위가 법령에 의하여 죄가 되지 아니하는 것으로 오인한 행위는 그 오인에 정당한 이유가 있는 때에 한하여 벌하지 아니한다.

제21조(정당방위) ① 자기 또는 타인의 법익에 대한 현재의 부당한 침해를 방위하기 위한 행위는 상당한 이유가 있는 때에는 벌하지 아니한다.

② 방위행위가 그 정도를 초과한 때에는 정황에 의하여 그 형을 감경 또는 면제할 수 있다.

③ 전항의 경우에 그 행위가 야간 기타 불안스러운 상태하에서 공포, 경악, 흥분 또는 당황으로 인한 때에는 벌하지 아니한다.

제155조(증거인멸 등과 친족 간의 특례)

④ 친족 또는 동거의 가족이 본인을 위하여 친족 간의 증거인멸·은닉·위조·변조의 죄를 범한 때에는 처벌하지 아니한다.

3) 위법성 조각사유의 사회상규(社會常規, social rule)★★★

(1) 뜻

국가 질서의 기초로서 국민 일반인이 공유하는 건전한 윤리 감정.

※ 상규(常規) : 1. 보통의 경우에 널리 적용되는 규칙이나 규정. 또는 사물의 표준. 2. 늘 변하지 아니하는 규칙. (네이버 국어사전)

관련법률

형법제20조(정당행위) 법령에 의한 행위 또는 업무로 인한 행위 기타 **사회상규에 위배되지 아니하는 행위**는 벌하지 아니한다.

(2) 판례

㉮ 형법제20조 소정의 **'사회상규에 위배되지 아니하는 행위'**라 함은 법질서 전체의 정신이나 배후에 놓여 있는 사회윤리 내지 사회통념에 비추어 용인될 수 있는 행위를 말하고, 어떠한 행위가 사회상규에 위배되지 아니하는 정당한 행위로서 위법성이 조각되는 것인지는 구체적인 사정 아래서 합목적적, 합리적으로 고찰하여 개별적으로 판단되어야 하므로, 이와 같은 정당행위를 인정하려면, **첫째,** 그 행위의 동기나 목적의 정당성, **둘째,** 행위의 수단이나 방법의 정당성, **셋째,** 보호이익과 침해이익과의 법익균형성, **넷째,** 긴급성, **다섯째,** 그 행위 외에 다른 수단이나 방법이 없다는 보충성 등의 요건을 갖추어야 한다(**대법원2001. 2. 23. 선고2000도4415 판결**).

㉯ 형법상 처벌하지 아니하는 소위 **사회상규에 반하지 아니하는 행위라 함**은 법규정의 문언상 일응 범죄 구성 요건에 해당된다

고 보이는 경우에도 그것이 극히 정상적인 생활 형태의 하나로서 역사적으로 생성된 사회질서의 범위 안에 있는 것이라고 생각되는 경우에 한하여 그 위법성이 조각되어 처벌할 수 없게 되는 것(대법원 1994. 11. 8. 선고94도1657 판결).

㉰ 연립주택의 아래층에 사는 피해자가 피고인의 집으로 통하는 수도관 밸브를 잠그고 위층 피고인에게 알리지 않아 피고인이 온종일 고통을 겪고 피고인이 아래층의 피해자가 밸브를 잠근 것을 알고 밸브를 열기 위하여 어쩔 수 없이 피해자의 집에 들어간 행위는 사회상규에 위배되지 아니하는 행위로 피고인이 피해자의 집에 들어간 주거침입은 정당행위에 해당한다(대법2004. 2. 13. 선고2003도 7393 판결).

㉞ 피고인이 며느리와 아들이 부부싸움을 하는 것을 보고 며느리를 훈계하던 중 도망가는 며느리의 양쪽 팔을 수차례 잡아당겨 폭행하였다는 내용으로 기소된 것에 대하여,

"폭행죄에서 말하는 **폭행이란** 사람의 신체에 대하여 육체적 정신적으로 고통을 주는 유형력을 행사함을 뜻하는 것으로 반드시 피해자의 신체에 접촉함을 필요로 하는 것은 아니고, 그 불법성은 행위의 목적과 의도, 행위 당시의 정황, 행위의 태양과 종류, 피해자에게 주는 고통의 유무와 정도 등을 종합하여 판단하여야 한다(대법원 2016. 10. 27. 선고2016도9302 판결 참조).

그리고 **형사재판에서 범죄 사실**은 법관이 합리적 의심을 할 여지

가 없을 만큼 확신을 가지는 정도의 증명력을 가진 엄격한 증거로 인정하여야 하므로 **검사가 그만한 확신을 가지게 하는 정도로 증명하지 못한 경우**에는 설령 피고인의 주장이나 변명이 모순되거나 석연치 않은 면이 있어 **유죄의 의심이 가는 등의 사정이 있다고 하더라도 피고인의 이익으로 판단**하여야 한다(대법원 2012. 6. 28. 선고 2012도231 판결 참조).

살피건대, (중략)

시어머니는 아들과 며느리의 싸움이 일어나자 중재하고자 아들과 며느리를 훈계했던 점, 술에 취한 며느리가 시어머니에게 욕설을 하여 시어머니의 언성이 높아졌고 이에 며느리가 경찰에 신고하려고 하여 시어머니가 제지하고자 며느리의 팔 또는 옷깃을 잡았던 것으로 보이는 점, 그럼에도 불구하고 며느리가 집 밖으로 나가 경찰에 신고하였던 점 등을 종합하면,

시어머니의 행위가 폭행죄에서 말하는 불법적인 폭행의 범의를 가진 폭행에 해당한다고 단정하기 어렵고 나아가 위 행위는 형법 제20조가 규정하고 있는 **사회상규에 위배되지 아니하는 행위의 범위 내에 있다**고 봄이 **타당하므로 위법성조각이 된다고 할 것**이다."(울산지방법원 2018. 11. 30. 선고 2018고정619 판결)

㉣ 모욕죄에서 말하는 모욕이란, 사실을 적시하지 아니하고 사람의 사회적 평가를 저하할 만한 추상적 판단이나 경멸적 감정을 표현

하는 것으로, 어떤 글이 특히 모욕적인 표현을 포함하는 판단 또는 의견의 표현을 담고 있는 경우에도 그 시대의 건전한 사회통념에 비추어 그 표현이 사회상규에 위배되지 않는 행위로 볼 수 있는 때에는 형법제20조에 의하여 예외적으로 위법성이 조각된다.

골프클럽 경기보조원들의 구직 편의를 위해 제작된 인터넷 사이트 내 회원게시판에 특정 골프클럽의 운영상 불합리성을 비난하는 글을 게시하면서 위 클럽 담당자에 대하여 한심하고 불쌍한 인간이라는 등 경멸적 표현을 한 사안에서, 게시의 동기와 경위, 모욕적 표현의 정도와 비중 등에 비추어 사회상규에 위배되지 않는다고 보아 모욕죄의 성립을 부정한 사례(대법원2008. 7. 10. 선고2008도1433).

참고사항

법원의 재판 구분
o 법원의 재판(심판)은 판결, 결정, 명령으로 나눔
o 상소 : 하급법원의 심판에 불복하여 상급법원에 재심을 청구하는 것(항소, 상고, 항고)
o 판결에 대한 상소 : 항소, 상고
 - 항소 : 제1심 판결에 불복하여 제2심 법원에 상소하는 것
 - 상고 : 제2심 판결에 불복하여 제3심 법원에 상소하는 것
o 항고 : 판결이 아닌 결정, 명령에 대한 상소(항고, 재항고, 특별항고)
 - 항고 : 1심의 결정, 명령에 불복하여 상급법원인 2심에 신청

- 재항고 : 형사소송의 대법원에 항고하는 것(형사소송법제415조)

- 특별항고 : 민사소송의 대법원에 항고하는 것(민사소송법제449조)

○ 항고소송 : 행정소송의 하나로서 행정청의 행정처분에 대한 소송

- 취소소송, 무효 등 확인소송, 부작위위법확인소송

○ 판결, 결정, 명령

- 판결(선고) : 유죄 판결, 무죄 판결, 면소 판결

- 결정 : 가처분·가압류 결정, 보석허가 결정

- 명령 : 집행정지명령, 압류명령, 지급명령

제 6 장

보호되어야 할
국민의 권리

사람은 살아가면서 자유와 권리를 누리며 살아야 한다. 이 지구상에 혼자만 산다면 개인의 자유와 권리를 맘껏 누릴 수 있을 것이다. 누가 뭐라고 할 사람도 없고 방해 놓을 사람도 없다. 맘껏 자유와 권리를 누리니 얼마나 행복하랴. 혼자 살면서 자유와 권리를 맘껏 누리는 것이 정말 행복할까?

　이 지구상에 혼자 존재한다는 것은 자유와 권리를 맘껏 누리는 행복도 있겠지만 그보다 더 고통스러운 외로움, 쓸쓸함, 고독, 무서움이 있을 것이다.

　조물주는 지혜롭게도 혼자 살면서 자유와 권리를 맘껏 누리는 것이 꼭 행복한 것은 아니라는 것을 알고 여자에게는 남자를 남자에게는 여자를 만들어 주었다. 그리고 아이들을 낳고 하다 보니 지구상에는 사람이 늘어나게 되고 많은 사람이 왁자지껄하게 부대끼며 어울려 살아야 하는 상황이 되었다.

어느샌가 사람은 혼자 존재할 때의 외로움, 쓸쓸함, 고독의 고통을 잊고 사회로부터 떨어져 살고 싶어지고 또 자기만의 행복한 자유와 권리를 원하게 되었다.

결국 혼자 사는 것도, 여럿이 사는 것도 행복과 고통이 공존한다는 것을 깨닫게 되었다.

현명한 인간은 슬기롭게 해결하는 방법을 알고 그 방법으로 법을 만들어 공동사회에서 한 인간이 행복하고 남을 위하여 절제할 수 있도록 하였다. 그 결과 헌법과 법률로 국민이 기본적으로 보장되어야 하는 권리와 의무를 만들어 개인이 누릴 모든 권리를 일부 제한하며 또한 꼭 누릴 수 있는 권리는 확고히 보장해 주었다.

대한민국은 자유민주국가이다. 자유민주국가의 가치는 국민이 얼마나 행복하게 살 수 있느냐? 즉, 얼마나 많은 권리를 보장받느냐? 또 그 권리를 국가 즉, 공권력이 얼마나 보호해 주느냐가 척도가 될 것이다.

이에 권리를 보장받는 것만큼 국민은 의무를 지켜야 할 것이다. 그래야 보장된 권리가 질서 있게 개개인에게 행복을 추구하게 해 줄 것이다.

이제 문제는 국민을 위하여 봉사를 하라고 준 공권력이 얼마나 착실하게 국민을 위하여 봉사를 하느냐?이다. 그러나 현실은 국민의 봉사자가 공권력을 가지고 고의 또는 게으름으로 인한 실수로 국민 위에 군림하여 국민에게 피해를 주는 것을 쉽지 않게 본다. 또 스스로 자신이 맞닥뜨리게 되는 경우도 있다. 따라서 공권력을 가진 공무원은 국민의 권리를 침해하지 말고 국민은 스스로 자기의 권리를 지키도록 하기 위하여 보호되어야 하는 권리에 대하여 적어 본다.

1.
기본권

○ 헌법상의 기본권의 종류

인간의 존엄과 가치 행복추구권(헌법제10조)	
평등권	헌법제11조 국민 모두 법 앞에 평등
자유권	헌법제12조 국민은 신체의 자유를 갖음
사회권	헌법제34조 인간다운 생활할 권리 등
참정권	헌법제24·25조 선거권, 공무담임권 등
청구권	헌법제26·28조 청원할 권리, 보상청구권 등

1) 인간의 존엄과 가치 및 행복추구권

기본권의 이념으로서 인간으로서의 존엄과 가치를 가지며 행복을 추구할 권리를 말한다.

2) 개별적 기본관

개별적 기본권으로는 평등권, 자유권, 사회권, 참정권, 청구권으로 나눌 수 있다.

(1) 평등권

㉮ 뜻

모든 사람은 법 앞에 평등하고 기회가 균등하며 불합리한 차별을 받지 않을 권리.

㉯ 종류

사회적 신분평등(헌법제11조), 교육받을 권리의 균등(헌법제31조), 남녀근로권의 평등(헌법제32조), 가정에서의 남녀평등(헌법제36조) 등.

㉰ 판례

헌법은 그 전문에 "정치, 경제, 사회, 문화의 모든 영역에 있어서 각 인의 기회를 균등히 하고."라고 규정하고, 제11조제1항에 "모든 국민은 법 앞에 평등하다."라고 규정하여 기회균등 또는 평등의 원칙을 선언하고 있는바, **평등의 원칙**은 국민의 기본권 보장에 관한 우리 **헌법의 최고 원리**로서 국가가 입법을 하거나 법을 해석 및 집행함에 있어 따라야 할 기준인 동시에, 국가에 대하여 합리적 이유

없이 불평등한 대우를 하지 말 것과, 평등한 대우를 요구할 수 있는 모든 국민의 권리로, **국민의 기본권 중의 기본권인 것**이다(헌재 1989.1.25. 88헌가7).

(2) 자유권

㉮ 뜻

국가로부터 침해나 간섭을 받지 않고 자유롭게 행동할 수 있는 권리.

㉯ 종류

신체의 자유(헌법제12조), 거주이전의 자유(헌법제14조), 직업선택의 자유(헌법제15조), 사생활비밀의 자유(헌법제17조), 통신비밀의 불가침(헌법제18조), 양심의 자유(헌법제19조), 종교의 자유(헌법제20조), 언론출판의자유, 집회결사의 자유(헌법제21조), 학문과 예술의 자유(헌법제22조) 등.

(3) 사회권

㉮ 뜻

국민이 인간다운 생활을 위하여 사회적으로 필요한 것을 국가에 요구할 수 있는 적극적 권리.

④ 종류

행복추구권(헌법제10조), 교육을 받을 권리(헌법제31조), 일할권리(헌법제32조), 노동3권(단결권, 단체교섭권, 단체행동권(헌법제33조), 환경권(헌법제35조) 등.

(4) 참정권

㉮ 뜻

국민이 국가정치에 참여할 수 있는 권리.

※ 소급입법으로 인한 참정권 제한 금지(헌법제13조제2항).

㉯ 종류

선거권(헌법제24조), 피선거권 및 공무담임권(헌법제25조), 국민투표권(헌법제72조, 130조제2항) 등.

(5) 청구권

㉮ 뜻

일반적으로 사인 간 타인에 대하여 작위. 부작위의 행위를 요구할 수 있는 권리를 말하나, 헌법에서의 청구권은 국가와 국민 간의 청구권을 말하는 것으로 국민의 권리가 침해되었을 때 국민이 국가에 대하여 요구할 수 있는 권리.

㉯ 종류

청원권(헌법제26조), 재판청구권(헌법제27조), 형사보상청구권(헌법제28조), 국가 보상 및 배상청구권(헌법제29조), 범죄피해자 구조청구권(헌법제30조) 등이 있다.

※ 청원권 : 국민이 원하는 것을 국가기관에 문서로 요구할 수 있는 권리.

※ 국가 배상청구권 : 국가의 정책이나 잘못으로 피해를 입은 국민이 국가에 대해 손해배상을 청구할 수 있는 권리.

※ 신청권 : 다음 표 참조.

★ **신청권**

- 국민이 행정청에 대하여 행정행위를 하여 줄 것을 요구할 수 있는 <u>법규상</u> <u>조리상의 권리</u>(대법1996.6.11.선고95누12460 판결).
  • 법규상 신청권 : 법규에 "~~를 신청할 수 있다."라고 명시.
  • 조리상 신청권 : <u>조리상 인정되는 신청권</u>(보통 행정청이 신뢰보호의 원칙 등 행정법의 일반원칙을 위반한 경우 또는 판례에 명시된 경우 등).

  헌법제26조제1항에 "<u>법률이 정하는 바에 의하여</u>"라는 단서가 있어 법률에서 정하지 않은 신청권은 인정하지 않는 것으로 판단.

3) 기본권의 제한(헌법제37조제2항)

○ 국가는 국민의 자유와 권리를 국가의 안전보장, 질서유지, 공공복리를 위하여 <u>법률로써 제한</u>할 수 있다(법률유보의 원칙).

※ 제한의 한계

- 자유와 권리의 본질적인 부분까지 제한해서는 안 됨(국가권력남용 방지).
- **기본권 제한 원칙** : 제한 시 <u>목적</u>이 정당하여야, 제한<u>방법</u>이 적절하여야 하고, 제한 시 <u>피해</u>를 최소로 하여야 하고, 제한 결과 <u>공익과 사익의 균형</u>에서 공익이 커야 한다(비례의 원칙).
- ※ 기본권 제한 원칙에 부합되지 않는 법률은 위헌이 된다.

4) 기본권 침해 시 구제방법

(1) 국가기관에 의해 침해된 경우

○ 헌법소원 : 국민이 헌법재판소에 신청(변호사 선임 필수).

○ 행정심판, 행정소송 : 행정기관이 법 집행 잘못한 경우 제기 가능.

○ 상소제도 : 사법기관이 법 잘못 적용 시 상급법원에 재심청구.

○ 국가 인권위원회에 진정 : 국가기관이 국민의 기본권을 침해할 경우 제기.

(2) 개인이나 단체에 의해 기본권이 침해된 경우

○ 고소 고발 : 수사기관에 기본권 침해 관련 처벌 요청.

  - 진정(陳情) : 국가 또는 지방공공단체에 사정을 진술하고 어떤 조치를 취해 줄 것을 요구하는 것.

※ 진정은 검사나 경찰이 조사를 해서 혐의가 있을 경우 입건되는 것 그리고 수사기관에 고소장, 고발장을 제출하면 바로 입건이 되는 것과는 다르다.

○ 민사소송 : 재산적 손해나 정신적 피해에 대해 손해배상 청구.

5) 기본권 보장을 위해 국가기관이 하는 일

(1) 법원

국민의 권리와 이익을 구제, 위헌법률심판을 헌재에 신청.

(2) 헌법재판소

헌법소원심판, 위헌법률심판을 통해 헌법위배, 기본권 침해 여부 심판.

(3) 국가인권위원회

- 인권침해 사례 조사 및 구제.
- 인권침해에 대한 개선 권고.

(4) 국민권익위원회

- 국민고충민원처리 : 잘못된 법 집행과 제도 조사하여 고치도록 함.
- 행정심판 기능 : 행정기관의 위법한 행정처분 조사 및 잘못된 처분을 취소하거나 무효로 함.

(5) 검찰, 경찰

- 기본권 침해 사례에 대하여 수사 및 기소.

헌법에는 많은 권리와 자유 그리고 의무가 규정되어 있다. 그러나 사람들이 살아가는 데 수많은 권리들을 헌법에 모두 명시할 수 없다. 그러면 헌법에 명시되지 아니한 권리들은 과연 보호받을 수 있는 것인가?

답은 '헌법에 명시되지 아니한 권리도 보호받을 수 있다.'이다. 그러면 보호받을 수 있는 근거를 찾아보자.

○ **헌재 판례**

헌법에는 '개인정보 자기결정권(주민등록증 발급 시 지문날인제도)'이 없다. 헌법에 명시되지 아니한 '개인정보 자기결정권'이 헌법의 기본권에 포함하는가에 대하여 헌법재판소의 판례를 보면,

"개인정보 자기결정권의 헌법상 근거로는 헌법제17조의 사생활의 비밀과 자유, 헌법제10조제1항의 인간의 존엄과 가치 및 행복추구권에 근거를 둔 일반적 인격권 또는 이 조문들과 동시에 우리 헌법

의 자유민주적 기본질서 규정 또는 국민주권원리와 민주주의 원리 등을 고려할 수 있으나 '개인정보 자기결정권으로 보호하려는 내용을 위 각 기본권들 및 헌법 원리들 중 일부에 완전히 포함시키는 것은 불가능하다고 할 것이므로,

그 헌법적 근거를 군이 어느 한두 개에 국한시키는 것은 바람직하지 않은 것으로 보이고, 오히려 개인정보 자기결정권은 이들을 이념적 기초로 하는 독자적 기본권으로서 헌법에 명시되지 아니한 기본권이라고 보아야 할 것이다.'

개인정보 자기결정권은 자신에 관한 정보가 언제 누구에게 어느 범위까지 알려지고 또 이용되도록 할 것인지를 그 정보 주체가 스스로 결정할 수 있는 권리로 국가 기능의 확대와 정보통신기술의 발달에 따라서 초래된 위험으로부터 개인의 결정의 자유를 보호하기 위하여 승인된 헌법에 명시되지 아니한 기본권이다."(헌재 2005.05.26. 99헌마513, 2004헌마190(병합))

이상과 같이 헌재에서는 헌법에 명시되지 않은 개인정보 자기결정권을 헌법적 근거로서 헌법제10조제1항의 '인간의 존엄과 가치, 행복추구권'에서 도출되는 일반적 인격권과 헌법제17조의 '사생활의 비밀과 자유'에서 찾고 있다.

그리고 헌법제37조제1항에 "국민의 자유와 권리는 헌법에 열거되지 아니한 이유로 경시되지 아니한다."를 명시하여 **헌법은 헌법에**

명시되지 않은 국민의 기본권을 인정하고 있다.

또한 헌법제37조제2항에 "국민의 <u>모든 자유와 권리</u>는 국가안전보장·질서유지 또는 공공복리를 위하여 필요한 경우에 한하여 법률로써 제한할 수 있으며, (중략)"라는 내용은 **법률로써 제한하지 않은 '국민의 모든 자유와 권리'를 기본권으로 인정하고 있다**고 생각된다.

2.
인권

1) 인권과 기본권

(1) 인권

- 인권은 천부적으로 사람이 태어나면서부터 주어지는 것으로 사람이 사람답게 살 수 있도록 또 행복하게 살 수 있도록 누려야 할 권리(천부적 권리).
- 헌법제10조에서는 인권에 대하여 포괄적으로 규정하고 있다. "모든 국민은 인간으로서의 존엄과 가치를 가지며, 행복을 추구할 권리를 가진다."

(2) 기본권

- 헌법에서 규정하여 보장하는 국민의 권리.

2) 인권의 종류

인권은 기본권처럼 구분하여 나열하기 어려운 것이다. 태어날 때부터 저절로 주어지는 것이고 살면서 사람답게 또 행복하게 삶을 누릴 수 있는 권리다.

그래서 인권이 무엇 무엇이 있느냐? 묻는다면, "사람이 행복하고 사람다운 삶을 누리는 데 필요한 정신적 육체적 모든 권리."라고 정의하고 싶다. 그렇다면 그 권리표현은 만들기 나름으로 무수히 만들 수 있을 것이다.

○○권, ○○권, ○○권······.

3) 인권의 제한과 판단

개인에게 부여되는 인권은 무수히 많고 개인의 성향에 따라서 욕구도 다르다. 그렇다면 개인에 따라 인권도 다를 수 있다.

사회는 혼자 사는 것이 아니고 다수가 **섞여** 산다. 각자 다른 것을 인권이라고 요구하다 보면 개개인 간 충돌이 생길 것이다.

예로서, 단체여행 가는 버스에서 개인마다 소변이 마려울 때 소변 배출권을 요구한다면 그 차는 개인이 요구 시마다 수시로 아무 곳에서 서야 한다. 이런 경우 같이 합승한 많은 사람에게 피해가 가고 도로에는 무질서하게 소변이 뿌려질 것이다. 그러므로 사회 속에서의 개인의 인권은 사회구성원들 간 합의는 안 되었더라도 사회구성원들이 보편적으로 인정하는 권리여야 할 것이다.

따라서 우리나라에서는 사회에서 인권침해 사건이 많이 발생하고 있다.

인권침해의 발생을 보면 개인 간 인권침해, 공권력에 의한 인권침해가 있다.

이것을 판단해 주기 위하여 우리나라에는 국가인권위원회가 있다. 국민 누구나 인권침해를 받았다면 국가인권위원회에 진정하면 공정하게 따져 판단해 줄 것이다. 판단 결과 필요한 경우 침해 원인 행위자에게는 권고를, 처벌이 필요한 경우에는 고발조치도 하는 것으로 알고 있다.

공권력에 의한 인권침해는 수사기관에서 많이 발생한다.

예로, 성고문 사건, 다양한 고문에 의한 수사 등이 있다.

국가의 이름으로 자행하는 고문 등의 파렴치한 인권침해자들은 엄하게 벌을 해야 한다. 경기도 지사는 공권력을 이용한 파렴치한 인권침해 범죄자는 공소시효를 폐지하여야 한다고 주장하였다. 독일의 전범들처럼 공권력을 이용한 인권침해의 피해자는 대부분 약자이다. 돈 있고 힘 있는 자에게는 거의 인권침해를 가하지 못한다. 공권력의 인권침해 범죄자는 영구히 자기가 책임을 지도록 하여야 할 것이다.

3.
헌법에서의 국민의 권리 및 자유 그리고 국가의 의무★★★

제1조
① 대한민국은 민주공화국이다.
② 대한민국의 주권은 국민에게 있고, 모든 권력은 국민으로부터 나온다.

제7조
① 공무원은 국민 전체에 대한 봉사자이며, 국민에 대하여 책임을 진다.

제2장 국민의 권리와 의무
제10조
모든 국민은 인간으로서의 존엄과 가치를 가지며, 행복을 추구할 권리를 가진다.
국가는 개인이 가지는 불가침의 기본적 인권을 확인하고 이를 보장할 의무를 진다.

(인간의 존엄, 행복추구권) (국가의 국민기본권 보장의무)

제11조

① 모든 국민은 법 앞에 평등하다. 누구든지 성별·종교 또는 사회적 신분에 의하여 정치적·경제적·사회적·문화적 생활의 모든 영역에 있어서 차별을 받지 아니한다.

(평등권, 차별금지)

제12조

① 모든 국민은 신체의 자유를 가진다. 누구든지 법률에 의하지 아니하고는 체포·구속·압수·수색 또는 심문을 받지 아니하며, 법률과 적법한 절차에 의하지 아니하고는 처벌·보안처분 또는 강제노역을 받지 아니한다.

② 모든 국민은 고문을 받지 아니하며, 형사상 자기에게 불리한 진술을 강요당하지 아니한다.

③ 체포·구속·압수 또는 수색할 때에는 적법한 절차에 따라 검사의 신청에 의하여 법관이 발부한 영장을 제시하여야 한다.

④ 누구든지 체포 또는 구속을 당한 때에는 즉시 변호인의 조력을 받을 권리를 가진다. 다만, 형사피고인이 스스로 변호인을 구할 수 없을 때에는 법률이 정하는 바에 의하여 국가가 변호인을 붙인다.

⑤ 누구든지 체포 또는 구속의 이유와 변호인의 조력을 받을 권리가 있음을 고지받지 아니하고는 체포 또는 구속을 당하지 아니한다. 체포 또는 구속을 당한 자의 가족 등 법률이 정하는 자에게는 그 이유와 일시·장소가 지체 없이 통지되어야 한다.

⑥ 누구든지 체포 또는 구속을 당한 때에는 적부의 심사를 법원에 청구할 권리를 가진다.

⑦ 피고인의 자백이 고문·폭행·협박·구속의 부당한 장기화 또는 기망 기타의 방법에 의하여 자의로 진술된 것이 아니라고 인정될 때 또는 정식 재판에 있어서 피고인의 자백이 그에게 불리한 유일한 증거일 때에는 이를 유죄의 증거로 삼거나 이를 이유로 처벌할 수 없다.

(신체의 자유, 진술거부권, 묵비권, 변호인을 선임할 권리, 체포적부심사청구권, 구속적부심사청구권 등) (미란다원칙, 체포영장주의)

제13조

① 모든 국민은 행위 시의 법률에 의하여 범죄를 구성하지 아니하는 행위로 소추되지 아니하며, 동일한 범죄에 대하여 거듭 처벌받지 아니한다.

② 모든 국민은 소급입법에 의하여 참정권의 제한을 받거나 재산권을 박탈당하지 아니한다.

③ 모든 국민은 자기의 행위가 아닌 친족의 행위로 인하여 불이익한 처우를 받지 아니한다.

(소급입법금지의 원칙, 일사부재리의 원칙, 연좌제금지)

제14조 모든 국민은 거주·이전의 자유를 가진다.

제15조 모든 국민은 직업 선택의 자유를 가진다.

제16조 모든 국민은 주거의 자유를 침해받지 아니한다. 주거에 대한 압수나 수색을 할 때에는 검사의 신청에 의하여 법관이 발부한 영장을 제시하여야 한다.

(주거의 자유, 영장주의 원칙)

제17조 모든 국민은 <u>사생활의 비밀과 자유</u>를 침해받지 아니한다.

(사생활의 비밀과 자유)

제18조 모든 국민은 <u>통신의 비밀</u>을 침해받지 아니한다.

(통신비밀의 자유)

제19조 모든 국민은 <u>양심의 자유</u>를 가진다.

(양심의 자유)

제20조

① 모든 국민은 <u>종교의 자유</u>를 가진다.

(종교의 자유)

제21조

① 모든 국민은 <u>언론·출판의 자유와 집회·결사의 자유</u>를 가진다.

④ 언론·출판은 <u>타인의 명예나 권리 또는 공중도덕이나 사회윤리</u>를 침해하여서는 아니 된다. 언론·출판이 타인의 명예나 권리를 <u>침해한 때</u>에는 피해자는 이에 대한 피해의 배상을 청구할 수 있다.

(언론·출판의 자유와 집회·결사의 자유, 언론에 대한 배상청구권)

제22조

① 모든 국민은 <u>학문과 예술의 자유</u>를 가진다.

② <u>저작자·발명가·과학기술자와 예술가의 권리</u>는 법률로써 보호한다.

(학문과 예술의 자유) (저작권, 특허권, 창작권)

제23조

① 모든 국민의 재산권은 보장된다. 그 내용과 한계는 법률로 정한다.

② 재산권의 행사는 공공복리에 적합하도록 하여야 한다.

③ 공공필요에 의한 재산권의 수용·사용 또는 제한 및 그에 대한 보상은 법률로써 하되, 정당한 보상을 지급하여야 한다.

`재산권`

제24조 모든 국민은 법률이 정하는 바에 의하여 선거권을 가진다.

`선거권, 참정권`

제25조 모든 국민은 법률이 정하는 바에 의하여 공무담임권을 가진다.

`공무담임권`

제26조

① 모든 국민은 법률이 정하는 바에 의하여 국가기관에 문서로 청원할 권리를 가진다.

② 국가는 청원에 대하여 심사할 의무를 진다.

`청원권`

제27조

① 모든 국민은 헌법과 법률이 정한 법관에 의하여 법률에 의한 재판을 받을 권리를 가진다.

③ 모든 국민은 신속한 재판을 받을 권리를 가진다. 형사피고인은 상당한 이유가 없는 한 지체 없이 공개재판을 받을 권리를 가진다.

④ 형사피고인은 유죄의 판결이 확정될 때까지는 <u>무죄로 추정</u>된다.

⑤ 형사피해자는 법률이 정하는 바에 의하여 당해 사건의 재판절차에서 진술할 수 있다.

(법률에 의한 신속한 공개재판을 받을 권리, 무죄추정의 원칙, 진술권)

제28조 형사피의자 또는 형사피고인으로서 구금되었던 자가 법률이 정하는 불기소처분을 받거나 무죄 판결을 받은 때에는 법률이 정하는 바에 의하여 국가에 정당한 <u>보상</u>을 청구할 수 있다.

(국가보상청구권)

제29조

① 공무원의 직무상 불법행위로 손해를 받은 국민은 법률이 정하는 바에 의하여 국가 또는 공공단체에 <u>정당한 배상</u>을 청구할 수 있다. 이 경우 <u>공무원 자신의 책임</u>은 면제되지 아니한다.

(국가배상청구권)

제30조 타인의 범죄행위로 인하여 생명·신체에 대한 피해를 받은 국민은 법률이 정하는 바에 의하여 국가로부터 <u>구조를 받을 수</u> 있다.

(구조요청권)

제31조

① 모든 국민은 능력에 따라 균등하게 <u>교육을 받을 권리</u>를 가진다.

② 모든 국민은 그 보호하는 자녀에게 적어도 초등교육과 법률이 정하는 <u>교육을 받게 할 의무</u>를 진다.

③ 의무교육은 무상으로 한다.

(학습권, 교육의 의무)

제32조

① 모든 국민은 근로의 권리를 가진다. 국가는 사회적·경제적 방법으로 근로자의 고용의 증진과 적정임금의 보장에 노력하여야 하며, 법률이 정하는 바에 의하여 최저임금제를 시행하여야 한다.

② 모든 국민은 근로의 의무를 진다.

③ 근로 조건의 기준은 인간의 존엄성을 보장하도록 법률로 정한다.

④ 여자의 근로는 특별한 보호를 받으며, 고용·임금 및 근로 조건에 있어서 부당한 차별을 받지 아니한다.

⑤ 연소자의 근로는 특별한 보호를 받는다.

⑥ 국가유공자·상이군경 및 전몰군경의 유가족은 법률이 정하는 바에 의하여 우선적으로 근로의 기회를 부여받는다.

(근로권, 근로의 의무) (인간의 존엄성보장원칙, 차별금지원칙, 약자보호원칙)

제33조

① 근로자는 근로 조건의 향상을 위하여 자주적인 단결권·단체교섭권 및 단체행동권을 가진다.

(노동3권 : 단결권, 단체교섭권, 단체행동권)

제34조

① 모든 국민은 인간다운 생활을 할 권리를 가진다.

② 국가는 사회보장·사회복지의 증진에 노력할 의무를 진다.

③ 국가는 여자의 복지와 권익의 향상을 위하여 노력하여야 한다.

④ 국가는 노인과 청소년의 복지 향상을 위한 정책을 실시할 의무를 진다.

⑤ 신체장애자 및 질병·노령 기타의 사유로 생활능력이 없는 국민은 법률이 정하는 바에 의하여 국가의 보호를 받는다.

⑥ 국가는 재해를 예방하고 그 위험으로부터 국민을 보호하기 위하여 노력하여야 한다.

(인간다운 생활을 할 권리 : 사회권, 복지권) (국가의 약자보호의무, 재해예방 의무, 국민보호의무)

제35조

① 모든 국민은 건강하고 쾌적한 환경에서 생활할 권리를 가지며, 국가와 국민은 환경보전을 위하여 노력하여야 한다.

③ 국가는 주택개발정책 등을 통하여 모든 국민이 쾌적한 주거생활을 할 수 있도록 노력하여야 한다.

(환경권) (국가의 주거안정의무)

제36조

① 혼인과 가족생활은 개인의 존엄과 양성의 평등을 기초로 성립되고 유지되어야 하며, 국가는 이를 보장한다.

② 국가는 모성의 보호를 위하여 노력하여야 한다.

③ 모든 국민은 보건에 관하여 국가의 보호를 받는다.

(가족 개인의 존엄권 및 양성평등권, 모성권, 보건권) (국가의 모성보호의무)

제37조

① 국민의 <u>자유와 권리</u>는 헌법에 <u>열거되지 아니한 이유</u>로 경시되지 아니한다.

② 국민의 <u>모든 자유와 권리</u>는 국가안전보장·질서유지 또는 공공복리를 위하여 필요한 경우에 한하여 법률로써 제한할 수 있으며, 제한하는 경우에도 자유와 권리의 본질적인 내용을 침해할 수 없다.

`(헌법에 열거되지 않은 기본권 인정) (법률유보의 원칙, 과잉금지의 원칙)`

제38조 모든 국민은 법률이 정하는 바에 의하여 <u>납세의 의무</u>를 진다.

(납세의무)

제39조

① 모든 국민은 법률이 정하는 바에 의하여 <u>국방의 의무</u>를 진다.

② 누구든지 <u>병역의무</u>의 이행으로 인하여 불이익한 처우를 받지 아니한다.

`(병역의무)`

제 7 장

부당 사례와
행정행위 시
공무원의 검토 및
민원인의 검토사항

1.
공무원의 불법 부담 사례 및 판단

사례 1)

이 씨는 노후 귀농을 위하여 촌에다 밭을 샀다. 밭은 소하천과 연접하여 있고 소하천에 연접하여 사실상 도로(현황도로)가 있다. 밭과 도로 사이에 하천이 끼어 나란히 연접하여 있다. 그 지역은 국립공원 지역이고 그 도로는 몇백 년 전부터 마을과 마을을 이어 주는 도로이다. 그 도로는 일부분 지목상 소하천 구역으로 되어 있다. 그 소하천은 '○○○곡'이라는 관광명소이다. 따라서 그 도로를 행정청에서는 많은 관광객들을 유치하기 위하여 '○○○양반길'로 정하고 많은 홍보를 하였다.

그 길은 과거 수해가 나면 행정청에서 굴삭기를 보내어 길을 정비해 주곤 했다. 그리고 ○○년도에는 수해복구 공사를 하면서 하천과 도로를 구분하여 기초는 콘크리트로 하고 그 위에 자연석으로 쌓았다. 공사 3년 후 수해로 길이 일부 유실되었다.

이 씨가 행정청에 복구를 요구했으나 특혜라는 이유로 거부해 '오래전부터 마을을 잇는 사실상 도로이고 행정청에서 지정한 ○○○ 양반길로 다수가 다니는 길임'을 들어 반박하니 다음은 '소하천 구역이라 복구를 해 줄 수 없다.'라는 답을 받았다. 그러다 보니 다음 해 또 수해로 그 길이 거의 다 떠내려갔다. 행정청에 복구를 요구했으나 소하천이기에 안 된다는 것이었다.

이 씨는 국민고충처리위원회에 민원을 냈다. 이 씨의 생각은 국민고충처리 위원회는 법조인들도 있을 것이니 객관적으로 판단하여 행정청의 조치가 부당하므로 복구를 하도록 권고 조치할 줄 알았다.

그러나 의외의 답변이었다. 회신문에는 행정청의 의견을 쓰고 그 밑에 행정청에 추후 기본계획 수립 시 긍정적으로 검토해 주도록 요청했다는 내용의 회신이었다. 이 씨는 어처구니가 없었다. 고충처리위원회가 행정청의 변론인 같다는 생각이 들었다. 위원회의 위원들은 무엇을 하는 사람들인지 의심스러웠다. 법을 판단하여 가부를 판단하고 가부에 따라 행정청에 구속력 있는 권고를 하든지 아니면 이 씨의 생각이 잘못되었다든지 해 줘야 하는데…. 위원들의 고민한 흔적이 하나도 없었다.

이 씨는 다음 농어촌도로정비법에 의거 농도로 지정해 줄 것을 국민의 기본권인 헌법의 청원권을 들어 행정심판청구를 하였다. 법적 검토, 현황도로, 수해복구 사례, 통수력 계산 등을 많은 자료를 첨부하여 제출했다.

그리고 직접 참석하여 설명하고자 구술심리를 요청하였으나 거부 당하였다.

행정심판위원회의 결과는 '신청권이 없으므로 각하한다.'였다.

이 씨가 공부한 바로는 행정법 일반원칙인 신뢰보호의 원칙에 따라 조리 또는 판례에 따라 신청권이 있는 것인데 그들은 각하해 버렸다.

이 씨는 공무원 신규교육을 받은 딸아이의 말이 생각났다. "아빠, 강사가 그러는데 행정심판은 행정기관으로 기운대."라고 하던 말이 생각났다.

국민고충처리위원회나 행정심판은 '가재는 게 편'이라는 말처럼 믿을 만한 것이 못되었다.

변호사를 찾아가니 "제출된 심판청구서의 서류들을 다 읽어 보면 충분히 신청권이 있는데 깊이 안 읽은 것 같다."라는 답이었다.

이 씨는 행정청으로부터 '소하천정비계획 재수립 시 정비계획을 반영, 소하천정비사업이 진행될 수 있도록 적극 검토하겠음'이라는 회신을 받고 믿기로 하였다.

(1) 판단

① 위 사례에서 '신뢰보호의 원칙'을 따져 보자

- 행정청은 과거 굴삭기를 보내 수해복구를 종종 해 주었다.

그리고 ○○년도에는 호안 양안을 콘크리트 기초 위에 자연석으로 쌓아 항구복구를 해 주었다. 그리고 폭 4m의 도로를 하천과 구분해 주었다.

그 이후 수해가 나서 길이 유실되었다.

- 이 씨는 행정청의 그동안의 수해복구에 따른 선행행위와 양반길 지정에 대하여 신뢰를 가지고 수해복구 및 농어촌도로정비법에 따라 행정청에 농도지정 요청하였다.

- 이 씨에게는 도로를 복구하지 못함에 따라 차량진입이 불가하여 영농에 차질을 빚어 손해가 발생하였다. 그리고 사비를 들여 장비를 빌려 공용도로를 복구함으로서 손해가 발생하였다. 즉, 이 씨의 이익이 침해당했다.

- 행정청에서 수해복구 및 농도지정은 공익이나 제3자의 이익을 해하지 않는다.

- 당초 행정청의 수해복구에 대하여 이 씨의 귀책사유는 없다.

→ 검토 결과 대법판례에 부합하므로 행정청은 신뢰보호의 원칙을 위반한 것이다. 즉, 행정청은 위법한 처분을 한 것이다.

② '행정의 자기구속의 원칙'을 보자

- 행정청은 위의 건 150m 전에 있는 지목상 소하천 구역 내 도로에 대하여 영구시설로서 콘크리트 포장을 해 주었다.

기 콘크리트 포장도로나 위의 건의 도로나 같은 조건의 동종의 사안이다.

→ 검토 결과 행정청은 '자기구속의 원칙'을 위반한 것이다.

③ '비례의 원칙'을 보자

- 소하천정비법이나 농어촌도로정비법 그리고 자연공원법에는 농경 및 주민의 편익을 위하여 농로를 개설해 주도록 하고 있다. 그러므로 농도개설 및 수해복구는 각 법률에 정당하며 방법으로서 적합한 것이다.

  그러나 행정청은 하지 않았으므로 적합성의 원칙을 위반한 것이다.

- 행정청이 하지 않아 이 씨뿐만 아니라 많은 관광객에게 피해를 주었다.

  이것은 최소피해의 원칙에 위반하는 것이다.

- 그리고 하지 아니함으로써 이 씨가 입는 피해보다 공익을 더 많이 잃었다.

→ 검토 결과 행정청은 헌법의 과잉금지의 원칙 즉, 비례의 원칙을 위반하였다.

④ 관계법률을 보면

- 소하천정비법, 농어촌도로정비법, 자연공원법, 농업농촌 및 식품산업기본법에서는 주민 편의와 농경을 위하여 농로를 해 주도록 하고 있다.

- 그리고 재난 및 안전관리기본법에는 국민의 안전을 위하여 예방 및 복구를 하도록 하고 있다. 그러나 행정청은 그리하지 않았다.

→ 검토 결과 행정청의 부작위는 직무유기에 해당하고 직권남용에 해당하고 지극히 탁상행정으로서 소극적 행위에 해당한다. 따라서 행정청은 형사적 민사적 책임을 질 수 있다.

충주시의 경우, 충주시의 건축 조례를 보면 제29조(도로의 지정)에 "주민이 장기간 통행로로 이용하고 있는 사실상의 통로로서 시장이 이해관계인의 동의를 얻지 아니하고 건축위원회의 심의를 거쳐 도로를 지정할 수 있는 경우"로서 "주민이 20년 이상 사실상 통로로 사용하고 있으며 건축물이 접해져 있는 통로"로 규정하여 주민의 편의를 위하여 적극적 행정을 추진하는 것을 볼 수 있다.

사례 2)

산지 내 기존 농로에 잡석을 깔았다. 이것이 산지관리법에서 정한 불법전용으로서의 형질변경으로 볼 수 있는지? 그리고 처벌할 수 있는지?

(1) 판단

이것을 사전적 의미로 본다면 형질변경으로 볼 수 있을 것이다.

형질변경은 아주 조금이라도 땅을 깎거나 땅 위에 흙을 쌓는 것이므로 하여튼 표면이 변경되었다면 형질변경으로 볼 수 있다.

그러나 이것이 사람을 처벌하기 위한 기준이 되려면 사회적 공감대와 법률관계를 종합 검토하여 결론을 지어야 한다.

① 사전적 의미의 검토
- 국어사전 : 사용 목적에 맞추어 땅을 깎아 내거나 흙을 쌓아서 토지의 형상을 변경하는 일
- 도시계획 용어사전 : 절토·성토·정지·포장 등의 방법으로 토지의 형상을 변경하는 행위
- 산림임업 용어사전 : 인위적으로 산림의 원형을 변경하는 행위

이상과 사전적 의미는 땅을 절토·성토하면 형질변경으로 설명하고 있다. 이것은 근본적인 정의로서 사람을 처벌하기 위해서는 어느 정도 기준이 있어야 한다. 왜냐하면 이것을 그대로 적용한다면 범법자가 안 될 사람이 없다. 산에 들어간 사람은 모두 해당될 것이다.

인간이 먼저고 법은 나중이다. 법은 사회적 공감대를 갖고 죄인을 만들지 않기 위하여 만들어진 것이다. 그러므로 법은 예방에 기준을 두고 공익을 해치지 않은 사람이 범죄자가 되는 것을 막고 있다.

가장 큰 규정으로 헌법제37조의 '과잉금지의 원칙'을 들 수 있다. 따라서 사람을 처벌할 경우에는 '과잉금지의 원칙'을 위반하면 그것은 위헌이 되고 위법이 되는 것이다.

따라서 산에 올라가 삽질을 했다고 해서 괭이로 땅을 팠다고 해서 이 행위가 공익을 해치는 것도 없는데도 불구하고 단지 형질변경을 했다 해서 벌을 주는 것은 즉, 사전적 의미로만 엄격하게 해석하여 벌을 주는 것은 위헌이 되므로 안 되는 것이다.

② 형법관련 검토

㉮ 형법제20조에 **"사회상규에 위배되지 아니하는 행위**는 벌하지 아니한다."라고 규정하고 있다.

"사회상규에 위배되지 아니하는 행위"에 대해 대법원 판결을 보면 "극히 정상적인 생활 형태의 하나로써 역사적으로 생성된 사회질서의 범위 안에 있는 것이라고 생각되는 경우"라고 정의하였다.

그렇다면 길에 잡석을 깐 행위는 판례에 부합하는가?

우리는 예전부터 길이 질면 연탄재로 깔고 자갈도 깔고 하여 불편을 해결하여 왔다. 이것은 극히 정상적인 생활 형태로 역사적으로 사회질서의 범위 안에 있는 것이다. 길에 잡석을 깐 것은 형법제20조에 부합하고 판례에도 부합한다.

㉯ 만약 불법이라 하더라도 법을 어기게 된다는 사실을 모르고 한 행위로서 형법제13조의 **고의가 없는 행위**이다.

③ 처벌을 위한 잡석 깐 것을 형질변경으로 볼 경우의 **과잉금지원**

칙(비례의 원칙) 검토

㉮ 비례의 원칙 중 적합성의 원칙은?

잡석 깐 것은 사회상규상 죄가 되지 않는 것으로 이를 처벌하려는 것은 적합성의 원칙 위반이 된다.

㉯ 최소피해의 원칙은?

처벌하려는 것은 적합성의 원칙에 위반되는 것으로 사람에게는 피해가 있어서는 아니 된다.

㉰ 상당성의 원칙은?

잡석을 깐 것을 형질변경으로 보아 처벌할 경우 사람에게 많은 피해를 주지만 법질서 유지라는 공익 외에는 타당한 공익이 없다. 옛날에는 악법도 법이라고 했지만 현대는 악법은 법이 아닌 것이 맞다. 현실에 부합되지 않는 법은 법이 아니다. 이러한 것은 위헌으로 걸러져야 한다.

④「산지관리법」적용 검토

○산지관리법 제2조제3호 나목,
"산지일시사용이란 산지를 임도, 작업로, 임산물 운반로, 등산로·탐방로 등 숲길, 그 밖에 이와 유사한 산길로 사용하기 위하여 산지의 형질을 변경하는 것"

○ **동법제15조2제4항제7호,**

"임도, 작업로, 임산물 운반로, 등산로·탐방로 등 숲길, 그 밖에 이와 유사한 산길의 조성"

○ **동법제55조제2호,**

"제15조의2제4항 전단(신고의무)에 따라 산지일시사용신고를 하지 아니하고 산지일시사용을 하거나 거짓이나 그 밖의 부정한 방법으로 산지일시사용신고를 하고 산지일시사용을 한 자"

㉮ 기존 농로에 잡석깔은 것을 「**산지관리법**」으로 처벌할 수 있는 가?

- 산지관리법제2조제3호나목 및 동법제15조2제4항제7호는 산지에 없는 길을 땅을 굴착하여 새로이 길을 만드는 것이고

- 기존의 농로에 잡석을 깔은 것은 땅을 굴착하지 아니하고 질은 길에 뿌리는 것으로 **땅을 굴착하여 새로이 길을 만드는 것과는 엄연히 다른 것**이다.

- 그리고 산지일시사용이 복구를 전재로 하는 것으로 질은 땅에 연탄재나 자갈을 깔은 경우 시간이 흐르며 흙과 같이 한 몸이 되어 복구가 불가능한 것이다.

기존의 농로에 잡석을 까는 행위는 산지관리법에 명시되어있지 않다.

따라서 산지관리법제2조제3호나목, 동법제15조2제4항제7호, 동법제55조제2호를 **적용하는 것은**

ⓐ 추상적으로 접근하는 것으로서

- 국민의 기본권을 제한하는 법률은 내용이 명확하여야 한다.
- 형벌법규는 범죄의 구성요건과 그 법적결과인 형벌을 명확하게 규정하여야 한다
- 행정행위자 또는 법관의 자의적 판단을 방지하고 국민으로서 미리 어떤 기본권 및 행위가 금지되고 어떤 처벌과 형벌이 과하여지는가?를 예측 가능토록하여야 한다. 라는 법령해석의 대원칙인 **명확성의 원칙에 위배되는 것**이다.

ⓑ 형벌법규에 규정한 법규가 없는데도 불구하고 유사한 법규를 유추하여 적용하는 것을 금한다. 는 **유추해석의 금지원칙에 위배되는 것**이다.

ⓒ 법령에 명확하게 규정되어 있지 않은 것을 유사한 것을 적용하여 처벌하려는 것은 헌법 제37조의 **과잉금지의 원칙에 위배되는 것**이다.

ⓓ 또한 형법 제123조의 **직권남용에 해당**된다고 보지 않을 수 없
다.

(2) 이상과 같이

잡석을 까는 것은 사회상규상 인정되는 것이고 잡석 깐 것을 처벌
한다는 것은 형법이나 산지관리법 등을 볼 때 불가능하다고 생각한
다.

기소되어 재판을 할 경우, 죄형법정주의를 보나 형법을 보나 피고
인에게 죄를 물을 수 없는 것이라 생각한다.

또한 판사가 잡석을 깔은 것을 산지관리법에 해당되는지 안되는
지?에 대하여 헷갈릴 수도 있다. 이 때 판사는 형사재판의 대원칙으
로 통하는 **"의심스러울 때는 피고인에게 유리하게"**를 적용하여 애매
한 것으로 인하여 피고인이 억울하게 범죄자가 되는 일이 없도록 판
결할 것으로 생각한다.

사례 3)

자치단체에서는 산지관리법에 의한 산림경영관리사로 주소를 이
전한 것, 또 산림경영관리사내에 씽크대를 설치한 것을 산림경영관
리사를 주거 용도로 사용하고 있다는 근거로 삼아 건축법 및 산지관
리법을 위반하였다고 판단한 것이 타당한 것인지?

(1) 판단

먼저 산지관리법에 의한 산림경영관리사의 규정을 보면,

산지관리법 시행령 [별표3의3]

1. 「건축법」에 따른 **건축허가 또는 건축신고대상이 아닌** 간이 농림어업용
   시설과 농림수산물 간이 처리시설 경우.

대상시설·행위의 범위	설치지역	설치조건
가. 산림경영 관리사	산지전용·일시 사용 제한지역이 아닌 산지	1) 임업인이 설치하는 시설로 부지 면적이 2백㎡ 미만일 것. 2) 주거용이 아닌 경우로 작업대기 및 휴식공간이 바닥 면적의 100분의 25 이하일 것.

가설건축물 기준
〈건축법제2항제2호〉

2. 4층 미만 경우(가설건축물 조건에 맞춰 적음)

〈시행령제15조제1항〉 농림

1. 철근콘크리트조 또는 철골철근콘크리트조가 아닐 것.

2. 존치 기간은 3년 이내일 것. 다만, 도시·군계획사업이 시행될 때까지 그
   기간을 연장할 수 있다.

3. 전기·수도·가스 등 새로운 간선 공급설비의 설치를 필요로 하지 아니

할 것.

4. 공동주택·판매시설·운수시설 등으로서 분양을 목적으로 건축하는 건축물이 아닐 것.

〈시군조례〉
대부분의 시군이 조례에 농막은 넣었으나 산림경영관리사는 포함시키지 아니함.

(가) 산림경영관리사에 주소를 이전한 것이 주거용이라고 판단할 수 있는지?

① 주소와 주거의 사전적 의미

　ㅇ 주소 : 사람이 살고 있는 곳이나 기관 회사 따위가 자리 잡고 있는 곳을 행정구역으로 나타낸 이름.

　ㅇ 주거 : 일정한 곳에 머물러 삶 또는 그런 집.

② 민법상 주소

　ㅇ 민법제18조제2항 : 주소는 동시에 두 곳 이상 있을 수 있다.

③ 농경지에 주소가 있어야 지역 면이나 이장이 지역 농경 정보를 알려주고 지역 주민과 교류 가능

→ 사전적이나 민법상으로도 주소는 어떠한 목적으로 필요로서 주소를 정하여 둘 수 있는 것으로 주소가 있다 하여 꼭 그 장소

가 주거지가 될 수 없는 것이고 또한 영농시 농지 있는 곳에 주소를 두어야 각종 정보 및 지역 주민과 교류 가능.

(나) 산림경영관리사 내에 씽크대를 설치하였다 하여 주거지로 볼 수 있는지?

○ 법률적 관계

산지관리법이나 건축법 등 어느 법률에도 경영관리사에 씽크대를 설치를 금하는 규정이 없다.

씽크대는 물을 사용 시 물이 튀어 흩뿌려지는 것을 방지하기 위하여 사용하는 것이다. 씽크대는 실내나 실외에서 개인의 편의에 따라 설치·사용할 수 있는 것이다. 씽크대를 설치·사용하는 것은 개인의 권리다.

개인의 권리는 법률로 정하여 제한할 수 있는 것이다. 그러나 씽크대 설치·사용 권리를 제한하는 법률이 없다.

(2) 종합하면

산림경영관리사에 주소 이전 또는 씽크대를 설치하였다 하여 주거용이다고 판단하는 것은 법적 근거 없이 권리를 제한하는 것으로 위헌으로 판단된다.

만약 법적 근거도 없이 권리를 제한하는 것은 직권남용으로 위법행위이고 이로 인한 처분으로 손실이 발생할 경우 손해가 발생될 경우에는 손해배상의 책임을 지게 될 수 있다.

따라서 산림경영관리사를 주거로 판단하기 위하여는 여러 사항을 고려하여야 한다.

① 주거 목적이라고 판단할 수 있는 명확한 법적 근거를 찾아보아야 할 것이다.

② 소유자가 주거 목적의 또 재물 등 주요 재산을 보관하는 주택(본집)이 없이 경영관리사만을 가지고 거주하는지를 확인하여야 하고,

③ 소유자가 산림경영관리사에 머물러야 하는 일거리가 있는지 확인하여야 하고,

④ 경영관리사 터의 조경 등을 살펴 농사 거리도 없이 경영관리사를 취미나 휴식공간으로 사용하는지를 확인하고,

⑤ 산림경영관리사 소유자의 본 직업이 농업인인가 확인하여야 하고,

⑥ 산림경영관리사 주변에 농자재 및 농기계가 있는지 등을 확인하는 등.

"열 명의 도둑을 놓치더라도 한 명의 억울한 사람을 만들지 말라.", "법과 제도는 운영하는 인간들이 쓰레기이면 그 법과 제도는 쓰레기가 된다."라는 명언들을 생각하며 '종합적으로 판단하고 결정을 하

여야 할 것이다.

그리고 국가는 헌법에서의 국민에 대한 책무로서 국민에 대한 인간의 존엄과 행복추구권을 보장하여 국민의 삶의 가치 증대와 도시의 복잡한 사람 밀집의 구조를 분산시키기 위하여 또 경영관리사가 자기 토지구역 내에서 만 지을 수 있는 점을 고려하고 남에게 또는 공익에 해를 끼치지 않는 한 가급적 산림경영관리사나 농막의 활용을 폭넓게 해석할 필요가 있다.

따라서 국가는 국민의 농업활동에 이익이 되도록 풀어 공적 이익이 확대되도록 해석해야지 경영관리사에 주소가 있다 씽크대가 있다. 라는 이유로 소극적으로 편협되게 판단하여 공익도 없이 농민에게 침해만 주는 조치는 삼가야 할 것이다.

국가 즉, 관련 공무원은 탁상행정을 떠나 임업인이 현장에서 불편해 하는 사항을 찾고 또 이야기를 들어 제도를 적극적으로 개선하도록 하여야 할 것이다.

(3) 산에서 작물 재배 농민에게 있어서 경영관리사는?

o 산은 거주 단지와 떨어져 있어 임야에서의 농업인에게 꼭 필요한 시설이다. 그렇다고 농사를 위하여 산에다 **영구적인 집을 짓는다는 것은 불합리**하다.

- 농업인이 농사 안 짓고 떠난다든지 또는 죽는다든지 하면 집은

빈다. 그러면 누군가 들어와 산다는 보장이 없다. 빈집이 되어 폐가옥으로 남을 수 있다.

- 주택을 짓는 것은 1가구 2주택이 될 수 있다.

O 임야에서 농사를 지으려면 집이 멀리 있어 **경영관리사가 있어 야 한다.**

- **바쁜 농사철**은 산에 기거하여야 조석으로 일할 수 있다.

- **장마철이나 눈이 많이 오는 경우**에는 산에 머물러야 한다. 평지 와 달리 산사태도 있고 눈이 많이 오면 길이 막힐 수 있다. 또 산 에서 농사를 지을 경우 **개와 닭이 필수**이므로 동물들 밥도 주어 야 한다.

- **비싼 농자재와 산양삼 등 농작물을 지켜야 한다.**

O 이상과 같은 이유로

- 싫어도 산에 종종 **머무를 수밖에 없다.** 산에 머물러야 하는 시간 이 많다. 산에 놀러온 것이 아니고 농업을 위하여 온 것이기에 **산은** 농업인의 **직장**이고 **생계를 위한 터**이다. 중요한 곳으로 소 홀히 할 수 없다.

- 경영관리사는 주거용이 아니고 농업을 위하여 임시 기거하는 임 시숙소일 뿐이다.

2.
공무원의 부당 사례 요약 소개

논 씨는 논에 진입하기 위하여 폭 2m의 도랑(구거)를 건너야 한다. 논 씨만 사용하는 것이고 매일 사용하는 것이 아니다. 그리고 영구적으로 필요한 다리도 아니다. 혼자 사용하고 일시 사용하는 것으로 나무로 설치해도 충분한 것이다.

따라서 논 씨는 간단히 생각하고 구거 소유자가 국가인지라 농어촌정비법제23조에 따라 구거의 목적 외 사용 승인을 받기 위하여 행정청에 갔다.

논 씨는 법규에 정한 사항에 위배되지 않은 범위 내에서 간단하게 설치가 가능하다고 생각했다.

담당자는 토목설계를 요구하고 구조계산 통수량 계산 등 자료를 요구하였다. 논 씨는 나무 몇 개로 설치하면 충분할 것 같은데 다수가 이용하고 영구적으로 이용하는 교량 설치에 준하는 서류를 요구하니 어처구니없었다. 일시적으로 사용할 것으로 나중에 사용하지 않는 경우 뜯어 치우는 것도 문제다.

담당 공무원의 행위는 '민원 처리에 관한 법률' 제10조 "관계법령에서 정한 **구비서류 외 서류를 추가요구금지.**" 규정에 위반되는데도 불구하고 요구하여 논 씨는 건설업을 하는 친구의 도움을 받아 제출을 했다. 우선 목마른 사람은 논 씨이니까⋯⋯.

다수가 이용하는 영구적 시설이나 개인이 일시 사용하는 간단한 시설이나 똑같이 적용하여 관행적으로 민원 처리를 하는 것은 공직 사회의 고질적인 문제이다.

담당 공무원의 행위는 사용 목적, 사용 지역의 상황, 사용상황 등을 고려하지 않는 것으로 과잉금지의 원칙에 위배된다고 볼 수 있고 이 경우 비례의 원칙에 따라 따져 민원인에게 피해가 없도록 하여야 하는 것이다. **명확하지 않은 것은 민원인의 입장에서 처리**하여야 한다. 이러한 경우 현명한 관리자가 있어야 한다. 싸인이나 하는 관리자가 아닌 법을 제대로 아는 현명한 관리자가 요구되는 것이다.

(참새를 소총이 아닌 대포로 쏘아 잡도록 하는 것은 위헌이다.)

'산림자원의 조성 및 관리에 관한 법률' 제13조에 사유림 소유자는 산림경영계획서 인가신청이 의무가 아니고 선택사항으로 정하고 있다.

그러나 행정청은 산지관리법 등 관련 인허가 또는 보조금 신청 시 산림경영계획서를 의무적으로 첨부하도록 하는 경우가 있다.

사유림 소유자에게 산림경영계획서 인가신청에 대한 선택권이 법으로 보장되어 있는 데도 불구하고 법적으로 위임사항도 없이 산림경영계획서를 인가 신청토록 하는 것은 법률유보의 원칙 해당하는 것으로 금지되어야 하는 것이다. 이러한 것은 개인이 따져 해결하기는 어렵다. 현명한 공무원이 있어서 스스로 바로 잡던지 민간단체에서 대항하여 바로 잡아야 할 것이다. 산림청에는 고시 출신도 많다. 이런 능력 있는 사람들도 공무원 물 몇 년 먹으면 똑같아지는 것을 느껴본다.

산지관리법에 작업로 폭은 3m를 기준으로 하고 필요 시 3m 이상으로 할 수 있도록 하고 있는데도 불구하고 공무원들이 보조금사업 등 지원사업 추진 시 임의로 2m 내외 또는 2m 이내로 정하여 강제하는 것은 국민의 법적 권리를 제한하는 것으로 법률유보의 원칙에 위배됨은 물론 과잉금지의 원칙과 권한남용에 해당되어 작업로 폭이 좁아 사고 발생 시 또는 손해 발생 시 공무원의 부당한 직무로 발생된 것으로 헌법제29조제1항에 의거 손해배상청구 가능한 것이다.

이러한 사항은 관리자 공무원이 법적 지식만 있다면 충분히 시정이 가능한 것이고 관리자 공무원들이 살펴보아야 할 일들이다.

허가 내용이 다른데도 불구하고 허가 조건(부관)에 여러 가지의 사항을 다 포함해 놓고 매번 똑같은 허가 조건을 부하는 경우 있다.

그러다 보니 허가 내용과 관련이 없는 허가 조건이 있다.

이것은 관련이 없는 허가 조건을 부하는 것으로 직권남용에 해당할 수 있다. 불필요한 조건으로 인하여 불이익이 있을 때는 이것도 손해배상청구도 가능할 것이다. 매번 불필요한 허가조건이 있는 것을 보면 공무원이 게을러 보인다.

행정공무원으로 운영하는 특별사법경찰이 조서 작성을 위하여 형법상 범죄행위가 아닌 것까지 전부 모아 위법행위를 부풀려 조서를 작성하던 과잉행위, 과잉으로 조서된 것은 검찰에 가서 털어 냈지만 과잉행위로 인하여 국민에게 정신적 고통을 준 사례는 수사 권한을 가진 사람의 지식 부족이거나 사람 위에 올라서는 쾌감이 앞서지 않았나 하는 의문을 낳게 하는 것이다.

상기와 같은 위법 부당한 상황들이 늘 있는 것이 아니지만 이러한 것들이 시정되지 않고 계속 답습되어 오는 것은 관리 공무원들의 잘못이 큰 것이라고 생각한다. 수년 동안 답습해 온다는 것은 이것으로 피해 보는 국민이 계속 증가하고 있다는 것이므로 이글을 보는 관계 공무원은 시정을 할 것으로 희망을 가져 본다.

3.
독자가 풀어 보기

예)

길을 가다 앞서가던 사람이 갑자기 쓰러졌다. 보니 심장이 멎은 상태다. 그것을 본 행인은 급히 심폐소생술을 실시하였다. 행인은 과거 교육을 받을 때 심폐소생술은 갈비뼈가 부러질 정도의 힘을 주어야 한다고 배웠다. 행인은 살려야 된다는 일념으로 힘주어 심폐소생술을 실시하여 쓰러진 사람은 깨어나 급히 병원으로 이송하였다.

며칠 후 행인에게 경찰서에서 오라는 소환장을 받았다. 쓰러졌던 사람은 살았지만 갈비뼈 하나가 부러졌다. 쓰러졌던 사람의 가족은 행인을 고소했다.

이 경우 행인은 유죄인가 무죄인가?

- 유죄라면 무슨 죄?
- 무죄라면 왜?

4.
공무원과 민원인 실천사항

1) 공무수행 중 공무원의 자세는

(1) 자신이 국가로서 국민을 보호하여야 한다는 자세.

(2) 국민의 입장을 고려하는 역지사지의 자세.

2) 행정처분 결재하는 관리자에게 권하는 말

(1) 관리자들은 행정법 일반원칙을 꼭 숙지하자.

(2) 부서를 옮길 때마다 담당하여야 하는 법령을 숙지하자.

(3) 법령 해석 및 적용에 있어서 관행을 버리자.

(4) 무능력하고 한심한 관리자가 되지 말자.

(5) 직원의 보고에 의존하여 결재하는 관리자가 되지 말자.

(6) 직원들이 뭔가 배울 수 있는 능력의 관리자가 되자.

3) 공무원의 행정처분 등 행정행위 시 검토사항

(1) 국민에게 봉사자로서의 마음가짐이 되었는지 생각하자.

(2) 공무원의 성실의무, 친절공정의무, 비밀엄수의무, 청렴의무를 각인하자.

(3) 소속기관의 '행정서비스 헌장' '민원인의 권리헌장' 실천을 다짐하자.

(4) 「민원처리에 관한 법률」 및 「행정절차법」을 숙지하자. ★

(5) 부관(허가 조건)을 붙일 때 아래 사항을 생각하자. ★

   - 기본권을 침해하는 사항이 없나?

   - 각종 법령에 위배되는 것이 없나?

   - 허가 내용과 부합하는가?

   - 비례의 원칙(과잉금지의 원칙)에 위반되지 않나?

(6) 행정처분 시 행정법 일반원칙에 위반되는 사항이 없는지 확인하자.

특히, 비례의 원칙은 순서대로 꼭꼭 검토하자. ★★★★

① 행정처분의 목적이 헌법이나 법률에 합치하고 정당한가?

② 행정처분의 목적을 달성하기 위한 수단과 방법이 적합하고 적절한가?

   - 여러 가지 수단과 방법이 헌법과 법률에 적합하면 그중 가장 적절한 것 선택.

③ 여러 수단과 방법 중 당사자에게 가장 피해를 적게 주는 것

을 선택.

   ④ 당사자에게 최소 침해를 주는 수단과 방법의 처분일지라도 처분에 의해 달성하려는 공익과 개인이 입게 될 침익을 비교하여 공익이 클 때만 처분할 것.

7) 다른 법률원칙에 불부합하는 것이 없는지? 확인하자.

   - 처벌에 관한 처분이라면 형사 관련 일반원칙도 검토하자.

8) 행정행위가 국민의 기본권을 침해하지 않는지? 확인하자.

9) 실무자는 민원처리 및 행정처분 등 행정행위가 부적절하다고 판단되면 지금까지 해 왔던 관행과 관리자의 지시를 탈피하자.

10) 공무원은 잘못된 행정이나 법령 등이 있으면 수시 건의하는 습관을 기르자.

4) 국민이 민원신청 시 또는 행정처분 받을 시 검토사항

(1) "법은 권리 위에 잠자는 자를 보호하지 않는다."를 상기하자.

(2) 국민이 공무원의 서비스를 받는 주체이므로 당당히 임하자.

   - 헌법제1조 및 제7조, 공무원의 의무, 각 행정기관의 행정서비스 헌장 확인.

(3) 「민원처리에 관한 법률」 및 「행정절차법」을 숙지하자.

(4) 민원신청 시 민원 관련 법률 및 행정처분 받았을 때 해당 법률 확인하자.

   - 내용에는 민원인을 위한 것이 많이 있음.

(5) 부관(허가 조건)은 위법 부당한 것이 있는지 확인해 보자.

(6) 행정법의 일반원칙을 숙지하고 적용 검토해 보자. ★★★

   - **비례의 원칙은 꼭 적용·검토하여 자신에게 불이익이 없나 확인.**

(7) 형법으로부터 나오는 법률원칙일지라도 민법이나 행정법에 적용할 수 있음을 알고 숙지하자.

   - 책임조각사유, 위법성조각사유, 무죄추정의 원칙, 미란다원칙 등.

   (행정기관에도 특별사법경찰이 있음을 알자)

(8) 행정행위의 무효에 대하여 숙지하자.

★ 이 책의 내용만 숙지하고 실천한다면 민원신청이나 행정처분을 받았을 때 몰라서 손해 보는 일은 없을 것이다.

끝으로 이 명언을 남기고 싶다.

"법과 제도는 운영하는 인간들이 쓰레기이면 그 법과 제도는 쓰레기가 된다."
　　　　　　　　　　　　　　　　　　　　　　　　　 - 박훈 변호사

네이버 지식백과

네이버 국어사전

네이버 법률용어사전

네이버 두산백과

네이버 위키백과

나무위키

행정자치부,『5급 승진리더』, 지방혁신인력개발원, 2007.

홍정선,『행정법입문』, 도서출판 아름다운사람들.

민주사회를 위한 변호사 모임,『천당에 간 판검사가 있을까?』, 서교 출판사.

형사법연구소,『형법조문해설집』, 서울고시각.

민주사회를 위한 변호사 모임,『쫄지마 형사절차』, 도서출판 아름다 운 사람들.

 장시간을 들여 사람들에게 전달하고자 싶은 것을 한 권의 책으로 정리해 보았다. 그 과정에서 다시 한번 많은 것을 깨달았고, 알면 알수록 답답함을 느꼈다.

 내가 작성한 내용은 국민의 이익을 위한 것들이다. 국민을 위하여 국가는 좋은 많은 것들을 만들어 놓았다.

 국가 민원에 대하여 국민이 편리하게 이용하고 이익을 볼 수 있도록 하고 국민이 억울하게 국가로부터 처벌받을 경우를 대비하여 부당하게 대우받지 않도록 많은 제도와 규정을 만들어 놓았다.

 이것을 운용하는 것은 국민으로부터 국가로부터 권한을 부여받은 공무원들이다. 그러므로 공무를 수행중인 공무원은 국가가 되는 것이다.

문제는

- 공무원으로서 국민에 대한 의무인 권한을 자기의 권력으로 이용하는 공무원,

- 국민을 위한 좋은 제도 규정을 몰라 적용하지 못하는 공무원,
- 좋은 제도 규정을 알면서도 활용하지 않는 공무원으로 인하여 많은 국민이 피해를 보고 있다는 것이다.

예로,
- 누구나 보면 다 알 수 있는 동영상을 보고 식별 불가능하다고 하여 2번씩이나 무혐의로 하여 피해자를 짓밟은 사례와 이를 방조하는 동료 공무원들,
- 맘에 안 들면 방어권조차 주지 않고 기소하고 끝까지 파헤치고 자기 동료의 허물은 덮어 주고 가려 주는 공무원,
- 충분히 검토하면 처벌을 하지 않아도 되는 것을 지식이 없어 생각나는 대로 처벌을 가하는 공무원,
- 법에는 그러지 말라고 하는데도 지키지 않고 고집스럽게 서류를 요구하는 공무원.

옛날 어릴 적에는 판사 검사를 참으로 진정한 사람들이라고 생각했다. 나이가 들면서 모두는 아니지만 그들의 과거 만행을 보면서 그들도 역시 인간이구나 참 양심도 없구나 하는 배신감을 느끼곤 한다.

누군가 했던 이야기를 들은 적이 있는 것 같다. "판검사는 하느님보다 더 양심적으로 한다는 마음을 가지고 하여야 한다."라는 말.

그래서 세상에 하느님이 있길 내심 많이 기대도 했다.

그러나 지금의 상황을 보면 종교의 타락을 보면서 결국 하느님도 없다는 것을 실감한다. 타락한 종교지도자, 종교인들은 우리가 상상하기 어려운 정도의 행동을 한다. 하느님이 있다면 이미 종교적 피해자를 보호하고 그러한 종교지도자 종교인을 제거하였어야 한다. 이제 하느님이 없다는 것을 느끼고,

이제 믿을 수 있는 것은 자연뿐인 것 같다. 그러므로 이제 많은 사람이 자연과 대화하고 같이하기 위하여 자연 속으로 들어가나 보다.

그런데 우리는 이러한 자연을 너무 훼손하고 있다. 무지막지한 쓰레기를 보면서 하늘을 가리는 미세먼지를 보면서 자연에게 죄를 짓는 것 같다

법과 제도를 쓰레기로 만드는 인간들, 하느님이라 자칭하고 쓰레기가 되는 인간들, 모든 자연이 공유하여야 할 자연을 훼손하는 인간들, 누가 그 인간들을 정리할 것인가? 정리할 주체 역시 인간들이다.

정리할 인간들은 정말 이 책에 있는 것 또 이 책 외에 있는 국민을 보호하기 위한 법과 제도를 잘 숙지하여 피해 보는 국민이 없도록 하여야 할 것이고 국민 역시 자기보호를 위한 법과 제도를 숙지하여

자신을 지켜야 할 것이다.

　국민을 보호하고 자기를 지키는 데 이 책이 작게나마 도움이 되었으면 좋겠다.

국민과 공무원에게 필요한
민원관련 법률원칙

ⓒ 이태근, 2021

초판 1쇄 발행 2021년 4월 2일
　　2쇄 발행 2021년 5월 14일

지은이　　이태근
펴낸이　　이기봉
편집　　　좋은땅 편집팀
펴낸곳　　도서출판 좋은땅
주소　　　서울 마포구 성지길 25 보광빌딩 2층
전화　　　02)374-8616~7
팩스　　　02)374-8614
이메일　　gworldbook@naver.com
홈페이지　www.g-world.co.kr

ISBN　979-11-6649-523-6 (03360)